Balduin von Möllhausen

Das Mormonenmädchen

Eine Erzählung aus der Zeit des Kriegszuges der Vereinigten Staaten gegen die Heiligen der letzten Tage im Jahre 1857 1858.

Balduin von Möllhausen

Das Mormonenmädchen
Eine Erzählung aus der Zeit des Kriegszuges der Vereinigten Staaten gegen die Heiligen der letzten Tage im Jahre 1857 1858.

ISBN/EAN: 9783743636743

Hergestellt in Europa, USA, Kanada, Australien, Japan

Cover: Foto ©ninafisch / pixelio.de

Weitere Bücher finden Sie auf **www.hansebooks.com**

Das Mormonenmädchen.

Eine Erzählung
aus der Zeit des Kriegszuges der Vereinigten Staaten gegen die „Heiligen der letzten Tage" im Jahre 1857—1858.

Von
Balduin Möllhausen,
Verfasser des „Halbindianer," „Flüchtling," „Majordomo" ꝛc.

Die Uebersetzung dieses Werkes in fremde Sprachen wird vorbehalten.

Sechster Band.

Jena und Leipzig,
Hermann Costenoble.
1864.

Inhalts-Verzeichniss.

Seite

Erstes Kapitel.
Tief in den Schooß der Erde 7

Zweites Kapitel.
Auf dem Colorado 30

Drittes Kapitel.
In dem Felsplateau 53

Viertes Kapitel.
An die Oberwelt 75

Fünftes Kapitel.
Das natürliche Fort 97

Sechstes Kapitel.
Die Entscheidung 114

Schluß 132

1.
Tief in den Schooß der Erde.

Zauberisch ist die Wirkung, wenn endlich nach langem Harren befruchtender Gewitterregen in Fülle auf Fluren niederschlägt, über welche seit Monaten der glühende Sirocco hinwehte und die kaum erst erwachte Lebenskraft im Erdreich in Halbschlummer gefesselt hielt: Verborgene Keime verwandeln sich in unzählige Arten von grünen, das Auge gefällig berührenden Formen, kränkelnde Knöspchen gedeihen zur schwellenden Ueppigkeit, weiter vorgeschrittene entfalten sich zu lieblichen Blüthen, und wohin die Blicke sich nur wenden mögen, überall scheint die Natur ihnen entzückt entgegenzulächeln und in beredter Weise auf die innerhalb weniger Stunden stattgehabte Veränderung hinzuweisen.

Auch auf dem Hochlande war nach dem wolkenbruchartigen Regen eine Veränderung vor sich gegangen. Freilich drängten sich keine Halme und Kräuter, oder gar duftende Blumenkelche aus dem starren Felsenboden hervor, kein wonnetrunkener befiederter Sänger sendete aus dankbarem Herzen seine schönsten Lieder in die Welt hinaus, aber dennoch war die Veränderung vor sich gegangen, und zwar schneller und augenfälliger, als dieses auf dem gesegnetsten Erdreich hätte der Fall sein können, wenn sie auch fast eben so schnell wieder spurlos verschwinden sollte. — Der Tag begann sich von der Nacht zu scheiden. Schärfer und deutlicher traten, in Folge der vorhergegangenen Reinigung der Atmosphäre, die Umrisse der fernen und fernsten gigantischen Naturbauwerke hervor. Die Farben der in regelmäßigen horizontalen Linien auf einander ruhenden Gesteinschichten, welche sich, die verschiedenen Zeitepochen der Erdrinde bezeichnend, Tausende von Fuß hoch über einander thürmten und am vorhergehenden Tage noch theilweise in einander verschwammen, waren nach der Befeuchtung greller geworden. Wie breite bunte Bänder zogen sich dieselben an den schroffen Wänden hin, sich wiederholend an jedem Wall, an jedem Thurm des Hochlandes, welcher den atmosphärischen Einflüssen bis jetzt Widerstand geleistet hatte.

Der Sandstein in den Tiefen sah hochroth aus, und wo im Laufe der Zeit Unebenheiten auf seiner Oberfläche entstanden waren, da blitzten und glänzten kleine Wasserspiegel, während die unzähligen Bergströme, Bäche und Cascaden nur noch ganz spärlich rieselten und zum größten Theil bereits ganz versiegt waren. —

Als das hinter den letzten Wolkenresten strahlenförmig hervorschießende Morgenroth die erste Beleuchtung auf das noch immer triefende Hochland warf, hatte sich in beiden Lagern noch Niemand gerührt. Auf beiden Seiten gab man sich einer gewissen sorglosen Ruhe hin. Hier wußte man, daß selbst in der Dämmerung es vergebliche Mühe sei, nach Spuren zu forschen, dort, daß es gefährlich werden könne, sich auf den durch den Regen gelösten Geröllanhäufungen tiefer abwärts zu wagen. Beide Theile bedurften volles Tageslicht zu ihrem Beginnen, doch mochten die Ermüdung, die nächtliche Aufregung und die darauf folgende erquickende Kühle mit dazu beitragen, daß, wenn auch vielleicht schon wachend, Niemand sein hartes Lager vor der Zeit verließ.

Die dem Sonnenaufgang voraufeilende röthliche Helle ermunterte fast gleichzeitig die Delawaren und den Mohave-Häuptling. Sie richteten sich empor, und nachdem sie eine kurze Zeit hindurch sehr eifrig mit einander berathen, bei welcher Gelegenheit Kairut zahlreiche Aufschlüsse zu ertheilen schien, weckten sie ihre übrigen Genossen.

Ohne zu zögern oder sich in nutzlose Fragen zu ergehen, rüsteten diese sich sogleich zum Aufbruch. Einige Bissen gedörrtes Fleisch und ein Trunk aus einer mit kühlem Regenwasser angefüllten Felsenvertiefung vertraten die Stelle des Frühmahls, und dann belud sich Jeder mit seinen geringen Habseligkeiten, worauf sich Alle vorsichtig in der alten Ordnung der Stelle näherten, an welcher Sikitomaker den Felsblock in die Tiefe hinabgestürzt hatte.

Aufmerksam spähten sie nach dem Rande des Plateaus hinauf. Nichts war daselbst zu erblicken, was Verdacht hätte erregen können. Sie vernahmen nicht einmal das Murmeln von Stimmen, obwohl sie nicht bezweifelten, daß ihre Verfolger auf ihrer alten Lagerstätte Zuflucht und Schutz gegen den nächtlichen Gewittersturm gesucht hatten und nicht säumen würden, sie, im Fall einer Entdeckung, von oben herab mit einem Hagel von Büchsenkugeln zu begrüßen. Gelangten sie unbemerkt gegen dreihundert Fuß tiefer hinab, so befanden sie sich außerhalb sicherer Schußweite, und sendete man ihnen wirklich Felsblöcke nach, so behielten sie doch immer Zeit genug, denselben nach der einen oder der andern Seite hin auszuweichen.

Behutsam eröffnete Kairut auf ein Zeichen von dem Schwarzen Biber den Zug. Das Wasser rieselte noch immer in einem schmalen Bächlein vor ihnen nieder, und indem es bald nach rechts, bald nach links, von Vorsprung zu Vorsprung, wie auf den Stufen einer Treppe hinabsprang, bezeichnete es gewissermaßen die Richtung, welche sie auf ihrer Flucht beizubehalten hatten. Das Gurgeln und Plätschern, mit welchem das Wasser von den Steinen abprallte, oder auch unter diesen durch und um sie herum sprudelte, kam ihnen übrigens sehr zu statten; denn bei aller Vorsicht konnten sie nicht gänzlich vermeiden, hin und wieder durch das Weichen einzelner Geröllstücke Geräusch zu erzeugen, wodurch ohne Zweifel die Aufmerksamkeit der oben Befindlichen auf sie hingelenkt werden mußte. So aber übertönte das Rauschen des Baches das Knirschen und Klappern der Steine, weshalb sie sich der festen Hoffnung auf ein glückliches Entkommen hingaben.

Ehe der Schwarze Biber dem Mohave nachfolgte, trat er noch einmal seitwärts gerade auf die Stelle hin, auf welcher am vorigen Abend der Felsblock niedergeschlagen war. Er erwartete, von dort aus eine bessere Aussicht auf den fast senkrecht über ihm liegenden Rand der Felsspalte zu gewinnen.

Niemand besorgte jetzt schon von irgend einer Seite Verrath. Um so mehr überraschte es daher die ganze Gesellschaft, als der Schwarze Biber plötzlich mit Gedankenschnelligkeit die Büchse an die Schulter riß und, indem er aufwärts zielte, zugleich mit der linken Hand nach derselben Richtung hin ein beruhigendes, aber entschiedenes Zeichen gab.

Alle drängten sich vor, um dem Delawaren im Fall eines Kampfes zur Seite zu stehen, und als sie dann nach oben blickten, gewahrten sie La Bataille, den verrätherischen Schlangen-Indianer, wie derselbe etwa zehn Fuß tief unterhalb des obersten Randes auf einem Felsblock mehr hing als saß und, nicht weniger überrascht, als sie selbst, zu ihnen niederschaute.

Derselbe, gelockt durch Holmsten's Versprechungen, hatte nämlich gehofft, eine größere Belohnung beanspruchen zu dürfen, wenn es ihm ohne fremde Hülfe gelänge, die Flüchtlinge aus= findig zu machen. Bereits am vorhergehenden Abend hatte er, geleitet theils durch die Ueberreste der getödteten Argalis, theils durch die noch glimmenden Kohlen unter dem kleinen Aschen= häufchen errathen, daß sie keinen andern Weg, als den vor ihm liegenden eingeschlagen haben könnten. In Folge dessen war der Entschluß in ihm gereift, die früheste Morgenstunde, wenn die Genossen ihn noch nicht stören würden, zum Kund= schaften zu benutzen und wo möglich das Versteck der Ent= flohenen auszuspähen.

Das Rauschen des Wassers hatte ihn verhindert, irgend etwas von der sich nähernden Gesellschaft zu vernehmen, wie auch der voranschreitende Mohave=Häuptling durch die Deck= schicht der Höhle seinen Augen entzogen blieb. Furchtlos war er daher gerade bis dahin geklettert, von wo aus man früher auf die verschwundene Platte hinabspringen mußte. Aufmerksam spähte er nach einer Fortsetzung des alten Wildpfades umher, als plötzlich zu seinem Schrecken der Schwarze Biber in seinen Gesichtskreis trat und fast gleichzeitig die Mündung seiner Büchse auf ihn richtete.

Er hielt sich für verloren, denn wollte er wirklich zurück= weichen, so gebrauchte er doch Minuten, um ganz nach dem Plateau hinauf zu gelangen, und seine eigenen Waffen hatte er, um auf dem gefährlichen Boden nicht im Gebrauch seiner Hände behindert zu sein, so auf seinem Körper befestigt, daß an ein Widerstandleisten schon gar nicht mehr zu denken war. Da bemerkte er das Zeichen des Delawaren, und dasselbe richtig deutend, rührte er sich nicht von der Stelle. Er ver= stand, daß die geringste Bewegung von seiner Seite mit einer Kugel bezahlt werden würde.

In solcher Stellung befanden sich also der Schwarze Biber

und La Bataille einander gegenüber, als John zu Ersterem
heranglitt und, mehr mit ruhiger Ueberlegung als Ueberraschung
den Schlangen-Indianer betrachtete.

Da flüsterte ihm der Biber einige Worte zu. John nickte
mit dem Kopfe, und gemäß seiner Anordnung setzte sich Kairuk,
der ebenfalls stehen geblieben war, sogleich wieder in Bewegung.
An Kairuk schlossen sich sodann Weatherton, Falk, Raft und
die übrigen Mohaves, in bestimmten Zwischenräumen Einer hinter
dem Andern herkletternd, an, und langsam und mit größter
Vorsicht schlichen sie niederwärts.

Während dieser ganzen Zeit hielt der Schwarze Biber seine
gespannte Büchse auf La Bataille gerichtet, der nunmehr seine
ganze Kaltblütigkeit wiedergewonnen hatte und so ruhig auf das
Treiben unter sich schaute, als habe er nicht im entferntesten
in einer Beziehung zu demselben gestanden.

„La Bataille! La Bataille! Wo steckt der Schurke?" schallte
es plötzlich von dem Plateau unter der Felsenüberdachung hervor.

La Bataille rührte sich nicht; aus seinen Augen dagegen
leuchtete die wilde Hoffnung, daß seine Genossen bis an den
Rand des Plateaus vortreten und die Verfolgten bemerken wür=
den, und noch befanden sich ja sogar die Vordersten derselben
in sicherer Schußweite. Für sich selbst fürchtete er jetzt nicht
mehr, denn er wußte, daß der Delaware, so lange er sich ruhig
verhielt, am allerwenigsten durch einen Schuß die Aufmerksam=
keit der Utahs und Mormonen auf sich lenken würde.

Als der Ruf nach dem Schlangen-Indianer zum zweiten Male
wiederholt wurde, hob der schon tiefer hinabgekletterte John seine
Büchse empor, den Kopf La Bataille's zu seinem Ziel wählend,
worauf der Schwarze Biber absetzte und mit leichten und ge=
wandten Bewegungen den vorangeeilten Gefährten nachfolgte.

„La Bataille! Schurke! Wo steckst Du?" ließ Holmsten's
Stimme sich vom Rande des Plateaus her vernehmen. Er stand

inbeß zu weit seitwärts, seine Blicke reichten nicht bis in die röhrenförmige Rinne, deren Seitenwände die Flüchtlinge vor seinen Augen verbargen.

Der Schlangen-Indianer stellte sich, als gehe ihn der Ruf nichts an. Der Schwarze Biber dagegen, der unterdessen etwa zwanzig Fuß tiefer einen andern Punkt erreicht hatte, von wo aus er La Bataille's ganze Gestalt genau im Auge behalten konnte, zielte nunmehr seinerseits wieder auf diesen, worauf John sich beeilte, an ihm vorbeizukommen und ihn von einer tiefer gelegenen und geeigneten Stelle aus abzulösen.

Nachdem sie dieses Wechseln der Rollen viermal wiederholt hatten, waren sie so tief hinabgelangt, daß La Bataille jede weitere Vorsicht für überflüssig hielt, zumal seine Feinde fast senkrecht hätten emporschießen müssen, was unter allen Umständen nicht ohne störenden Einfluß auf die gewohnte Sicherheit ihrer Hand geblieben wäre.

Er scheute sich daher nicht, die mittelst eines Riemens an seinem Halse befestigte Büchse herunterzureißen, dieselbe mit einem lauten, durchdringenden Gellen anzulegen, und im nächsten Augenblick donnerte auch der Schuß in die Tiefe hinab.

Doch dieselben Schwierigkeiten, welche es für die Delawaren gehabt hätte, einen hoch über ihnen befindlichen Menschen zu treffen, stellten sich dem Schlangen-Indianer in noch erhöhtem Grade entgegen. Außerdem waren seine Hände und sein Auge bei weitem nicht so geübt, wie die der Delawaren; kein Wunder also, daß seine Kugel weit über ihr Ziel fortflog und erst tief unten, in der Nähe der vordersten Mohaves, klatschend auf einen Stein aufschlug.

Sobald der Schuß gefallen war, betrachteten die Delawaren den Schlangen-Indianer als zu ungefährlich, um seinetwegen, ohne die Gewißheit, ihn zu treffen, noch eine Kugel zu verschwenden. Sie warfen daher ihre Büchsen über die Schulter, und so schnell, als der ungangbare Boden es gestattete, suchten sie sich wieder mit ihren Freunden und Gefährten zu vereinigen. Bald darauf gelangten sie nicht nur aus der weitesten Schußlinie, sondern es drängten sich auch schroffe Felsvorsprünge und Geröllanhäufungen dergestalt zwischen sie und ihre Verfolger, daß diese nur hin und wieder einen flüchtigen Blick auf die eine oder die andere niederwärts gleitende Gestalt erhaschten.

Auf das Gellen und den Schuß La Bataille's waren sowohl die Mormonen, wie auch die Utahs herbeigeeilt. In ihrem Eifer achteten sie nicht auf das, was La Bataille ihnen zurief, sie sahen nur, daß diejenigen, welche sie in ihren Händen zu halten glaubten, im Begriff standen, zu entschlüpfen, und wie eine Meute grimmiger Schweißhunde, geführt von grausamen, blutdürstigen Jägern, begannen alle an dem Abhange niederzuklettern.

Erst als die Vordersten bei La Bataille eintrafen, überzeugte man sich, daß die Flüchtlinge auf diesem Wege unerreichbar seien, und nach allen Richtungen hin zerstreute sich die wüthende Bande, um den verborgenen Pfad zu entdecken, auf welchem nach ihrer Meinung ihre Opfer an dem schroffen Absatze vorbeigelangt waren.

Nach Verlauf einer Stunde wurde endlich ein Mormone an zusammengeknüpften Riemen hinabgelassen, und aus den Spuren, welche der niedergebrochene Felsblock zurückgelassen hatte, so wie aus dem losgesprengten Stück Sandstein enträthselte derselbe, auf welche Weise sie überlistet worden waren.

Wieder auf dem Plateau vereinigt, traten sie daher Alle in eine ernste Berathung zusammen. Der Vorschlag, einen Theil der Bande mit Hülfe der Zurückbleibenden auf die Fährte der Entflohenen zu setzen, wurde sogleich wieder verworfen, indem sie ihre Kräfte zu zersplittern fürchteten. Außerdem unterlag es kaum einem Zweifel, daß dieselben, unter der Führung der Delawaren, zwischen den Schluchten und verworrenen Wasserrinnen nicht nur eine feste, unangreifbare Stellung einnehmen, sondern auch aus irgend einem verborgenen Hinterhalt so viele ihrer Verfolger niederschießen würden, um den Rest mit der blanken Waffe in der Faust ihrerseits überfallen und vernichten zu können. La Bataille und mehrere Utahs, die sich auf früheren Jagdzügen eine verläßliche Kenntniß dieses Theiles des Hochlandes verschafft hatten, gaben endlich den Ausschlag.

Dieselben erklärten nämlich, daß nur ein einziger Weg aus diesem Labyrinth von Schluchten führe, und indem sie den gewundenen Lauf des Colorado genau bezeichneten, hoben sie hervor, daß ihre eigenen zurückgelassenen Pferde, zusammen mit den aufgefundenen der Flüchtlinge, ihnen die Mittel zum schnellen Fortkommen gewährten. Die Pläne, welche sie an diesen Umstand knüpften, schilderten und vertheidigten sie sodann mit einer solchen überzeugenden Beredtsamkeit, daß man sich allerseits willig ihrer fernern Führung überließ und den Entschluß faßte, ohne Säumen zur weiteren Verfolgung aufzubrechen.

Die Mehrzahl der Mormonen entschied sich wohl dafür, die Flüchtlinge ihrem Schicksal zu überlassen und nach dem Salzsee-Thal zurückzukehren, wo ihre Kräfte bei dem vielleicht schon ausgebrochenen Kriege besser zu verwenden seien. Sie wurden indessen überstimmt durch Holmsten, der mit auffallender Aengstlichkeit auf die weitere Verfolgung der „Mörder" und gefährlichen Spione drang, und endlich nicht weniger durch La Bataille und die Utahs, welche durch Holmsten's Versprechungen und die Ueberzeugung, daß ihnen kein einziges ihrer Opfer lebendig zu entrinnen vermöge, noch unbändiger und beutegieriger geworden waren.

Man einigte sich daher. Die Utahs verzehrten noch die Ueberreste der beiden Argalis, die sie in der Nähe der Felsüberdachung vorgefunden hatten, und eine halbe Stunde später, als das abgekühlte feuchte Plateau wieder zu trocknen und sich unter der höher steigenden Sonne zu erwärmen begann, da war es dort oben wieder so öde und einsam, als habe noch nie ein menschliches Wesen seinen Weg bis in diese schreckliche Wildniß gefunden.

Allmälig schlüpften auch die blauschwänzigen Eidechsen und Hornfrösche wieder an's Tageslicht, die Taranteln begaben sich an die Arbeit, die Verwüstungen, welche das Wasser an ihren finsteren Wohnungen angerichtet, wieder auszubessern, die Klapperschlangen schoben ihre häßlichen breiten Köpfe und demnächst ihre regelmäßig gezeichneten Körper träge in den warmen Sonnenschein hinaus, und lustig prüften die goldglänzenden Fliegen ihre hauchähnlichen Flügel, während die Heuschrecken ihre Trommelfellchen probeweise rührten und untersuchten, ob dieselben auch wohl bei dem Unwetter gelitten hätten.

Hoch oben aber, im blauen Aether, da segelte auf breiten, sicheren Schwingen majestätisch der weißköpfige Kriegsaar. Gleichgültig schaute er niederwärts. Das zerklüftete Hochland lag wie ein großes Bild unter ihm; seine scharfen Blicke reichten in jede Schlucht, in jeden Winkel. Er sah die erbitterten Verfolger, er sah die auf ihren Scharfsinn vertrauenden Flüchtlinge; doch ihn kümmerte nichts, was nicht zu den ihm tributpflichtigen Geschöpfen gehörte. Umfangreicher wurden die Kreise, welche er beschrieb, höher hinauf trugen ihn seine starken Schwingen, als hätte er seinen Aufenthalt auf der Erde mit dem auf der Sonne vertauschen wollen. —

Weatherton und Alle, die ihn seit seiner Flucht von Fort Utah begleitet hatten, waren unterdessen wohlbehalten unten in der Schlucht angekommen. Nachdem der erste Schuß gefallen, glaubten sie, daß eine ganze Salve nachfolgen oder eine Anzahl schwerer Felsblöcke auf sie niederrollen würde. Ihre Befürchtungen trafen aber nicht ein, sie blieben unbelästigt, und als sie dann endlich von dem rothen Sandsteinboden der Schlucht aus ihre Blicke zu der schwindelnden Höhe emporsandten, da vermochten sie kaum noch die menschlichen Gestalten zu unterscheiden, die zuweilen an den Rand des Abgrundes traten und sich spähend auf demselben hin und her bewegten. Sie selbst konnten von dort aus nicht so leicht bemerkt werden, indem ihre Gestalten zwischen den gigantischen Felsblöcken zu sehr verschwanden und die Blicke hundertmal über sie hinglitten, ehe sie vielleicht einmal auf den winzig und regungslos erscheinenden Gegenständen haften geblieben wären.

Ob man sie überhaupt noch weiter beobachtete, gaben sie sich keine Mühe mehr festzustellen. Einestheils hatten sie einen zu großen Vorsprung gewonnen, anderntheils umgab sie eine so merkwürdig durchbrochene Bodengestaltung, daß selbst Rast darüber entzückt war und auf mehr als eine castellartige Felserhöhung hinwies, von welcher er unter wiederholten, sehr derben Seemannsbetheuerungen behauptete, daß sie sich an Bord derselben eben so sicher befinden würden, wie hinter der Schanzverkleidung des Leoparden.

Selbstverständlich gerieth er dabei in die kriegerischste Stimmung, in Folge dessen seine Narbe in den mannichfaltigsten Schattirungen spielte und er oft unbewußt seinen Cutlaß, welchen er, seit die Lederscheide verloren gegangen, beständig in der Hand führte, mit pfeifendem Tone durch die Luft sausen ließ.

Im Uebrigen ertrug er seine Lage ohne Murren; das Gehen war allerdings eine ungewohnte Arbeit, doch befand er sich besser dabei, als auf dem Rücken eines Pferdes, dessen Steuer, ganz entgegengesetzt wie bei jedem andern christlichen Fahrzeug, immer dahin gedrückt werden mußte, wohin es seinen Cours nehmen sollte. An die Bewegung des Schlingerns und Stampfens hatte er sich zwar schon etwas gewöhnt, eben so durfte er es, wo schwierigeres Manövriren, Umlegen und Laviren in Aussicht stand, ohne Furcht vor Kentern und Havarie, seinem gedulbigen Pferde überlassen, sich im Fahrwasser seiner Kameraden zu halten; bei alle Dem gewährte es ihm aber doch eine große Befriedigung, endlich wieder auf seine eigenen Füße angewiesen zu sein. That er es auch den Mohaves nicht im Laufen zuvor, so kam er doch immer mit, und wenn es an's Klettern ging, dann zeigte er sich als eine so gewandte Theerjacke, wie nur je eine bei hoher See die Segel reffte. —

Der Weg, welchen die Flüchtlinge verfolgten, war verhältnißmäßig bequem, wenn auch viel anders, als es, von oben gesehen, geschienen hatte.

Der ganze Boden in den breiten Schluchten und kesselähnlichen Erweiterungen bestand aus einer einzigen zusammenhängenden rothen Sandsteinmasse. Wie der obere, nachgiebigere Theil des Hochlandes durch atmosphärische Einflüsse zerrissen worden war, so hatten die dem Colorado zuströmenden Wasser die bloßgelegte Sandsteinebene in ähnlicher Weise, nur nicht in so ausgedehntem Maßstabe, zerklüftet und gespalten; und wie die Adern in einem thierischen Körper, je näher dem Herzen, sich zu immer größeren Blutgefäßen vereinigen, so vereinigten sich hier die Hunderte und Tausende von Rinnen zu Hauptcanälen, welche dann in unmittelbarer Verbindung mit dem Colorado standen.

Um in einen solchen Hauptcanal zu gelangen, war Kairuk in die erste Rinne, auf welche er stieß, eingebogen. Dieselbe führte, wie alle übrigen, noch immer einen letzten Rest von dem nächtlichen Regen. Er brauchte daher nur dem Lauf des hurtig eilenden Wassers zu folgen, um endlich das Ziel zu erreichen, welches er nach einer flüchtigen Berathung mit den Delawaren ausgewählt hatte, und wo, wie er behauptete, ihre Rettung lag.

Während der ersten halben Stunde senkte sich der Boden der Rinne, in welcher sie sich fortbewegten, nur ganz allmälig; dafür aber befanden sie sich unausgesetzt zwischen haushohen, lose liegenden Felsblöcken, die theils von gänzlich zerstörten

Reſten des Hochlandes herrührten, theils von den unterwühlten Plateaus losgebrochen und in die Tiefe hinabgeſtürzt waren. Dieſe nackten furchtbaren Geſteinsmaſſen, welche im Sturz zu den bizarrſten Gebilden zerſchellt waren, verliehen der Umgebung einen überaus troſtloſen, beängſtigenden Charakter. Von Vegetation war nirgends die geringſte Spur zu entdecken, eben ſo mangelte das allerdürftigſte Thierleben, und einen ſeltſamen Contraſt bildeten zu den ſtarren Gebirgstrümmern die allmälig verſiegenden Bächlein, die in den glatt gewaſchenen ſteinernen Rinnen munter dahin ſprudelten und murmelten.

Je weiter die Flüchtlinge ſich von den Baſen der Plateaus entfernten, um ſo ſpärlicher und kleiner wurden die Geröllblöcke und in um ſo höherem Grade ſenkte ſich auch der Weg vor ihnen. Doch wie der Boden der Schlucht ſich ſenkte, erweiterte ſich dieſelbe auch, während die hochgelegene Sandſteinebene mit ihren regelmäßigen Hügeln und Thälern nicht wenig einer ziegelfarbigen, ſturmbewegten See glich, welche ein mächtiger Wille plötzlich zum Stillſtehen gebracht.

Die Wanderer, wenn ihre erſtaunten Blicke ſich auch hierhin und dorthin wendeten, und vielleicht ſelbſt Zweifel in ihnen aufſtiegen, ob ſie je ihren Weg wieder aus dieſem furchtbar verworrenen Labyrinth herausfinden würden, verfolgten unverdroſſen ihre vielfach gewundene Straße. Kairuk ſchaute weder ſeitwärts noch hinter ſich; er ſchien ſeiner Sache zu gewiß zu ſein; und ſo ging es fort und immer weiter fort und tiefer in die Erde hinein. Bald an ſchroffen Abhängen hinunter, bald über ſchräge Flächen hin, auf welchen ſie kaum das Gleichgewicht zu halten vermochten. Höher thürmten ſich zu beiden Seiten von ihnen die rothen Felsmaſſen über einander, ſchlanker erſchienen die getrennt ſtehenden Säulen, welche durch die Gewalt des Waſſers von dem maſſiven Geſtein losgewaſchen worden waren, und

ilet wurde der Streifen blauen Himmels, der von oben
b zu ihnen niederschimmerte.

So lange die hohen Seitenwände ihnen noch Schatten ge=
rten und die frische Feuchtigkeit noch Kühle in dem gewölb=
gen Gange verbreitete, empfanden sie keine Beschwerden. Als
r gegen Mittag die fast senkrechten Strahlen der Sonne bis
den Boden der Schlucht drangen und das farbige Gestein
gsum erhitzten, da wurde die Gluth geradezu unerträglich, und
verlich wären sie wohl ihrer Aufgabe gewachsen gewesen, hät=
bie in schattigen Winkeln zurückgebliebenen Wasserpfuhle
ien nicht hin und wieder Gelegenheit geboten, sich zu er=
schen und zu erquicken, denn das Wasser, welches immer spär=
ger unter ihren Füßen dahinfloß, war so warm geworden, daß
schon deshalb fast ungenießbar wurde.

Wo sie aber auch rasteten und sich erquickten, lange Zeit
ar ihnen nicht vergönnt. Kairuf, dessen Sehnen aus gehärtetem
Stahl zu bestehen schienen, trieb sie immer wieder empor, indem
r mit der Hand auf die Sonne, die den Zenith schon längst
überschritten hatte, deutete, und des Colorado als eines noch sehr
veit entfernten Punktes erwähnte.

So wurde der Marsch immer wieder mit erneuter Eile an=
getreten. Der Schweiß triefte Allen von der Stirn, die Seh=
nen erlahmten von dem vielen Klettern und Niederwärtsgleiten,
die Augen entzündeten sich durch das unausgesetzte Hinblicken
auf das von der Sonne grell beleuchtete rothe Gestein, aber in
den Schluchten drohte ein unabwendbares Verderben, wenn sie
vielleicht abermals von einem Gewitter überfallen wurden, ehe
sie einen Punkt erreicht hatten, auf welchen ihnen ein Pfad nach
der Höhe hinauf offen stand.

Der Himmel war wohl klar, doch wer konnte dem Aussehen
des Himmels trauen? Eine Stunde, und wo jetzt die Sonne
mit vollster Kraft niederbrannte, da thürmte sich dann vielleicht

schwarzes, unheilschwangeres und wetterleuchtendes Gewölk drohend und Alles verdunkelnd über einander.

Vorwärts ging es daher mit ungeschwächtem Muthe. Niemand sprach ein Wort; die Hitze war zu erstickend in dem abgeschlossenen durchglühten Raume, dessen Atmosphäre außerdem noch durch das gewaltsame Verdunsten des Wassers verdichtet wurde. Selbst die Theilnahme, welche vorzugsweise Falk und Weatherton in jeder andern Lage ihrer Umgebung geschenkt haben würden, ging verloren, und vielfach glitten die Blicke achtlos über Formationen hin, welche vielleicht auf dem ganzen Erdball ihres Gleichen suchten.

Bald waren es die schlanken Säulen mit ihren kolossalen Postamenten und den wunderbar geformten, oftmals schief hängenden Kapitälern, bald die pittoresken Gesimse, die sich hoch oben am Rande der Sandsteinfläche hinzogen, welche wohl eine aufmerksamere Beobachtung verdient hätten. Hier öffneten sich wieder luftige Thore und Fenster, aber unregelmäßig, wie bei zerfallenden alten Ritterburgen, dort schwarz gähnende unterirdische Gänge und Höhlen, welche einen Theil des niedergeflossenen Wassers in sich aufgenommen hatten, um es an einer andern Stelle wieder zu Tage treten zu lassen.

Als sie aber endlich an einem umfangreichen thurmähnlichen Ueberrest der Hochebene vorbeikamen, dessen senkrechte Wand gewissermaßen die Fortsetzung der Schlucht bildete, in welcher sie sich dem Colorado näherten, da wäre Falk nicht kalt vorübergezogen, und wenn sein Leben auf dem Spiel gestanden hätte.

Was von der schwindelnden Höhe niedergebrochen und in die Schlucht hinabgestürzt war, hatten die Fluthen des schmelzenden winterlichen Schnees und der Wolkenbrüche des Sommers allmälig bis auf vereinzelte zu schwere Blöcke wieder fortgespült. Auf diese Weise war daher ein wunderbares Gebilde geschaffen worden, dessen südliche Mauern, dicht vor dem Wanderer dem

Boden entsteigend, ohne nennenswerthe Unterbrechungen sich Tausende von Fuß hoch in den blauen Aether hinein erhoben und sich dort in bläulichem Duft zu verlieren schienen. Ein viertausend Fuß hoher Berg ist immer noch keine außergewöhnliche Bodenerhebung, wo aber eine einzige senkrecht emporstrebende Fläche eine solche Höhe erreicht, da wird die ganze Erscheinung imposant, erhaben.

Stumm blickten Weatherton und sein Freund aufwärts, ihre augenblickliche Lage und die Gefahr, der sie kaum entronnen waren, hatten sie vergessen. Es war, als ob dieses Stück Erdrinde einen unwiderstehlichen Zauber auf sie ausgeübt und sie auf derselben Stelle festgebannt habe. Selbst Rast war diesem Zauber in so hohem Grade unterworfen, daß er seinem Erstaunen keine Worte zu geben vermochte und er vergeblich auf einen der ihm sonst so geläufigen originellen Vergleiche sann.

Kairut und seine vier Krieger standen, den Oberkörper auf ihre langen Bogen und den einen Fuß auf das andere Knie stützend,*) da und schauten mit so triumphirendem Ausdruck auf ihre weißen Gefährten, als sei es ihr eigenstes Verdienst, daß dieser abgesonderte Rest des Hochlandes dem Einfluß des Wassers und der Zeit so lange Widerstand geleistet habe. Der Schwarze Biber dagegen wurde ungeduldig, und indem er zur Eile trieb, fragte er den Mohavehäuptling, wie weit sie noch von dem Colorado entfernt seien.

Die durch ein Zeichen nach dem Stand der Sonne ertheilte Antwort lautete befriedigend, und bald darauf setzte sich der Zug wieder in Bewegung.

Nach einer ferneren beschwerlichen Wanderung von ungefähr einer halben Stunde wurde der Boden der Schlucht ebener, die Seitenwände traten weiter zurück, und bei der nächsten kurzen

---

*) Eigenthümliche Art der Mohaves zu rasten.

Biegung erweiterte sich dieselbe sogar zu einer umfangreichen Ebene.

Diese Ebene war ebenfalls von Furchen und Rinnen durchzogen, dagegen erhoben sich auf deren gegenüberliegender Seite eben solche Felsformationen, wie die Reisenden hinter sich zurückgelassen hatten.

Der Strom mußte sich also zwischen ihnen und den jenseitigen Höhen befinden. Weatherton und Falk erkannten dies sogleich; sie vernahmen sogar ein dumpfes Getöse, welches aus dem Innern der Erde hervorzubringen schien und nur von dem wildbrandenden Wüstenstrome herrühren konnte, zu welchem Zweck Kairuk sie aber gerade hierher geführt hatte, war mehr, als sie zu errathen vermochten. Vergeblich forschten sie nach einem Ausweg; gegen Norden wie gegen Süden wurde die thalähnliche Erweiterung von den mächtigen Plateaus abgeschlossen, und nirgends zeigte sich auch nur die leiseste Möglichkeit für sie, wieder auf die Oberwelt zu gelangen. Der Weg zurück war ihnen abgeschnitten, indem der Schwarze Biber eine der Hauptsprossen aus der bekannten Felsenleiter herausgesprengt hatte, ein weiteres Vordringen aber in den nach dem Plateau hinaufführenden Schluchten, durch die auf einander folgenden schroffen und unersteiglichen Abhänge, selbst mit den größten Hülfsmitteln unausführbar gewesen wäre.

Ein beängstigendes Gefühl beschlich sie bei diesen Gedanken, trotzdem die Mohaves ihrer Sache so vollkommen gewiß zu sein schienen und mit der ihrem ganzen Stamme eigenthümlichen sorglosen Fröhlichkeit ihnen vorauf und zur Seite schritten.

Kaum waren sie also aus der Schlucht herausgetreten, so lenkte Kairuk auf die nächste Rinne zu, und nachdem sie einige Hundert Schritte in derselben zurückgelegt hatten, wurde ihnen die weitere Aussicht schon wieder durch haushohe, an den Münbungen der Nebenschluchten vielfach zerklüftete Seitenwände entzogen.

Kairul wendete sich weder rechts noch links, und nur gelegentlich blieb er einen Augenblick stehen, um die Delawaren auf flache, feucht glänzende Schlammschichten aufmerksam zu machen, welche, je weiter sie vordrangen, um so mehr an Umfang und Stärke gewannen. Es war dies ein sicheres Zeichen, daß die Fluthen des Colorado zuweilen so tief in die Schluchten hineinreichten und dann, da dem dort gestauten Wasser der Abfluß, mithin auch die Bewegung fehlte, diesem gestattete, seine schweren Bestandtheile abzusetzen.

Nach Zurücklegung von anderen zweihundert Schritten, auf welcher Strecke ein ferneres Senken des Bodens nicht bemerkbar gewesen, erreichten sie endlich das Ende der letzten rothen Sandstein-Abstufung.

Wie weiter oben, so öffnete sich auch hier der Boden der Schlucht zu einer niedrigen Abflachung, nur daß diese, weniger umfangreich, von keinen Rinnen mehr zerrissen war, überhaupt einen ganz andern Charakter trug.

Als Falk und Weatherton die erste Aussicht auf die Thalniederung erhielten, wußten sie nicht, worüber sie mehr erstaunen sollten; ob über den mächtigen Felsenkessel, welchen die stufenweise über einander liegenden Gesteinslagen nach allen Seiten hin amphitheatralisch abschlossen, ob über die ausgedehnte lichtgrüne Binsenwaldung, welche die mit feuchtem Schlamm bedeckte Niederung anmuthig schmückte, oder über das donnernde Getöse, mit welchem hinter der Binsenwaldung der Colorado in seinem engen Felsenbett dahintobte.

Unwillkürlich blieben sie stehen; denn das, was sie sahen, war zu verschieden von dem, was zu erblicken sie erwartet hatten. Hier die rothen Felsenmauern, dort in den wunderbarsten Schattirungen, immer duftiger hinter einander emporstrebend, die ungeheuren Plateaus, und zu allem diesem, lieblich contrastirend, das heitere Grün der Binsen, welche die hinter den westlichen Plateaus versinkende Sonne im Scheiden noch zauberisch mit ihren letzten Strahlen vergoldete.

Wiederum stand Kairuk still, um einen Triumph zu feiern über das sichtbare Erstaunen seiner weißen Gefährten und über die Beifallsbezeigungen der Delawaren für die Sicherheit, mit welcher er sie bis hierher geführt hatte.

Nach kurzem Harren schritt er weiter, und immer in südlicher Richtung an dem Binsenfelde herum näherten sie sich endlich in weitem Bogen dem Colorado. Ein blauer Reiher hob sich vor ihnen aus dem Dickicht und zog mit heiserem Schrei und gemessenem Flügelschlag nach dem nördlichen Ende des Thales hinüber; ein Flug großer weißer Tauchenten folgte ihm nach, die einzigen lebenden Wesen, welche sich in diesem abgesonderten Winkel niedergelassen hatten. Sie waren gewiß nicht weniger verwundert, hier in ihrer Einsamkeit von Menschen gestört zu werden, als diese, die öde Wildniß auf solche Art belebt zu finden. Doch die Theilnahme, welche die Vögel erweckten, wurde verdrängt, als Kairuk, der eine kurze Strecke vorausgeeilt war, sich plötzlich auf einer kleinen Felserhebung niederließ und seine freundlichen Blicke auf seine herankommenden Begleiter richtete, offenbar, um sich an dem Eindruck zu ergötzen, welchen der Anblick der sich vor ihnen eröffnenden Scenerie auf sie ausüben würde.

Einer nach dem Andern traten sie zu ihm nach der Erhöhung hinauf, und vor ihnen lag der Colorado mit seinen trüben Fluthen.

Sie konnten ihn von dort aus durch das ganze Thal überblicken. Deutlich sahen sie daher, wie er eine Meile weiter oberhalb schäumend aus einem engen Felsenthor hervorbrach, sich von einem gegen zwanzig Fuß hohen Absatz in das Thal hinabstürzte und dort, sich weiter ausdehnend, über eine ganze Reihe von Geröllanhäufungen hintobte. Sie beobachteten, wie die wirbelnden und kreisenden Fluthen sich endlich beruhigten und als glatter Spiegel in weitem Bogen dem Binsenfelde zueilten. Sie sahen, wie er abermals mit hohlem Brüllen von einer nur wenige Ellen hohen Abstufung, schimmernd wie das reinste Silber, hinabstürzte; wie er sich wiederum beruhigte und mit geglätteter Oberfläche pfeilschnell auf sie zuströmte, und dann erst wendeten sie sich gegen Süden, wo er, immer ruhiger fließend, mit einer kurzen Biegung gegen Südwesten, in ein breites Felsenthor eintrat, dessen Eckpfeiler bis in den Himmel hineinzuragen schienen.

„Ich denke, wir sind hier ziemlich sicher vor dem Utahgesindel," sagte der Schwarze Biber endlich, nachdem er sich eine Weile an dem Erstaunen Weatherton's und Falk's geweidet hatte.

„Ziemlich sicher, das ist originell," antwortete Rast, denn die beiden Freunde waren so sehr in das erhabene Schauspiel vertieft, daß des Delawaren Bemerkung für sie verloren ging, „aber kein Tropfen Theer soll jemals wieder meine Finger schwärzen, wenn ich ein Loch sehe, durch welches unsere rothhäutigen Lotsen uns wieder unter christliche Menschenseelen zu bugsiren vermöchten."

„Denke, das Loch dort unten ist groß genug," versetzte der Delaware lachend, indem er auf das südliche Felsenthor wies.

„Groß genug, beim heiligen Neptun und allen Aequinoctialstürmen, die er jemals aus seinem Windschlauch in die Welt schickte," antwortete Rast, zuerst das Thor und demnächst die reißende Strömung mit Kennermiene betrachtend. „Ja, groß genug und auch Wasser genug," fuhr er sinnend fort, „gebt mir 'ne gutgebaute Jolle, zwei starke Riemen und noch 'ne Hand dazu, denn dort der Lieutenant darf nicht rudern, 's wär' gegen die Disciplin, und wenn ich Euch nicht Alle mit heilen Stengen auf dieser Gosse bis in den Ocean bringe, dann mögt Ihr glauben, daß ich meine Lehrzeit in einem Kuhstall durchgemacht habe und 'nen Schluck Meerwasser nicht von 'nem steifen Whisky-Grog zu unterscheiden vermag! Aber so? Beim allmächtigen Aequator! ich denke, wir werden hier so lange vor Anker liegen, bis die Fische uns nach dem Golf von Kalifornien hinuntertragen."

„Viel Fahrzeuge dort," versetzte der Biber, indem er auf die Binsen wies, „und viel Ruder hier," fügte er hinzu, auf eine Anhäufung von schweren Baumstämmen und leichteren Zweigen deutend, welche der Strom am Fuße des Felsens, auf welchem sie sich befanden, zusammengespült und zur Zeit des hohen Wassers nach dem Ufer hinaufgedrängt hatte.

Rast warf einen verächtlichen Blick auf die Binsen, demnächst auf das Holz, und dann zuckte er bedauernd die Achseln, als wenn er des Delawaren Worte für einen übel angebrachten Scherz gehalten habe.

Dieser verstand die Bewegung, und theils um den eigensinnigen Seemann zu überzeugen, theils um ihn etwas zu bemüthigen, fuhr er fort:

„Denke, die Mohaves sind gute Wassermänner, besser, als Ihr sie auf Euren großen Schiffen habt. Ihr bedürft ein hölzernes Boot, sie dagegen nichts, und dennoch werden sie mit uns dort hinunterfahren. Die Mohaves sind also bessere Wassermänner, als Ihr."

Rast's Narbe verrieth durch den Wechsel ihrer Farbe seine Gemüthsstimmung. Er mochte es indessen unter seiner Würde halten, sich mit dem Delawaren in einen Streit über Dinge einzulassen, von welchen derselbe, nach seiner Ansicht, so viel verstand, wie der Stockfisch von der Takelage eines Klippers. Er begnügte sich daher, mit lautem Geräusch den Tabak aus seinem

Munde zu entfernen, worauf er sich an das von den Mohaves schon angezündete und bereits lustig flackernde Feuer begab, um sich durch sein kurzes Pfeifchen auf eine andere Art den Genuß des narkotischen Krautes zu verschaffen.

Weatherton und Falk hatten sich von ihrem ersten Erstaunen einigermaßen erholt und äußerten ihre Bewunderung, indem sie sich gegenseitig auf diesen oder jenen Punkt aufmerksam machten und ihre Blicke bald stromaufwärts, bald stromabwärts sendeten.

Als der Schwarze Biber auch ihnen auf ihre Fragen mittheilte, daß sie ihre Flucht auf dem Strome fortsetzen würden, waren sie kaum weniger überrascht als Rast. Doch weniger störrisch wie dieser, gaben sie sich vorläufig mit der oberflächlichen Erklärung zufrieden, und wohlgemuth setzten sie sich in den Kreis ihrer Gefährten an's Feuer, um sich von den einfachen Vorräthen, welche sie bei sich führten, auf noch einfachere Art ein Mahl zu bereiten.

Hier nun wurden zunächst die Pläne der Mohaves erörtert und erwogen, und da sich nirgends ein anderer Ausweg zeigte, so wurden dieselben, trotz ihrer Abenteuerlichkeit, einstimmig angenommen und zugleich beschlossen, noch an demselben Abend mit den ersten Vorbereitungen zu beginnen.

Trotz der schon eingetretenen Dämmerung begab sich die ganze Gesellschaft, nachdem sie sich hinreichend erfrischt, nach der Binsenwaldung, in welcher sodann, wo nur immer der schlammige Boden die Last eines Menschen trug, eine wahre Verwüstung begann. Alle führten in der rechten Hand Messer, und indem sie Schritt vor Schritt allmälig tiefer in das grüne Feld eindrangen, umschlangen sie mit dem linken Arm ganze Bündel der zehn Fuß langen Halme, welche sie dann nach sich niederbogen, dicht über der Erde lostrennten und nach ihrer Lagerstelle hintrugen.

Rast, der des Bibers Erklärung kurz vorher noch mit unverkennbarer Verachtung gestraft hatte, zeigte sich jetzt, da sogar sein Vorgesetzter mit Hand an's Werk legte, äußerst eifrig. Seine lange Waffe kam ihm babei sehr zu statten, und da er schwere Arbeit gewohnt war, so schaffte er für seine Person, zu seinem nicht geringen Ergötzen, beinahe eben so viel, wie die anderen Alle zusammen genommen.

Sobald die Dunkelheit ihnen nicht mehr gestattete, mit dem Schneiden der Binsen fortzufahren, ordneten sie dieselben vor dem hellflackernden Feuer in gleichmäßige Bunde, welche, auf beiden Enden gleich stark, etwas über einen Fuß im Durchmesser und gegen zwölf Fuß in der Länge hielten. Dieselben wurden sodann, der Sicherheit wegen, an sechs oder sieben verschiedenen Stellen mit starken, von zähen Halmen gedrehten Stricken sehr behutsam und fest zusammengeschnürt, eine Arbeit, die viel Zeit raubte. Sie gönnten sich indessen nicht eher Rast, als bis die geschnittenen Binsen ihre Verwendung gefunden hatten; doch brachten sie die Zahl der Bunde nur auf zehn, also auf den vierten Theil des Vorraths, welchen die Mohaves für unumgänglich erforderlich für ihre Zwecke erklärten.

Die als Ausschuß zurückgelegten geknickten Halme boten ihnen darauf ein weicheres und besseres Lager, als sie sich seit langer Zeit erfreut hatten. Die nächtliche Kühle, die in dem tief gelegenen Kessel äußerst empfindlich auf ihre Glieder fiel, vertrieben sie durch einen tüchtigen Scheiterhaufen, und so schliefen sie denn nach dem anstrengenden Marsch so sorglos und behaglich, als wenn sie sich inmitten einer großen, reichbevölkerten Stadt befunden hätten und von allen Bequemlichkeiten des Lebens umgeben gewesen wären.

2.
Auf dem Colorado.

Es war am zweiten Morgen nach jenem Abende, an welchem die Abenteurer auf dem Ufer des Colorado ihr Lager aufgeschlagen hatten. Der vorhergehende Tag war zum größten Theil mit dem Schneiden der Binsen, dem Herstellen der Bunde, dem Zusammenfügen derselben in Flöße, und endlich dem Ausarbeiten von Pfählen, welche die Stelle von Riemen und Rudern ersetzen sollten, hingegangen, und als man alles dieses endlich beendigt hatte, war es schon zu spät, um die gefährliche Stromfahrt noch anzutreten.

Kairut und einer oder zwei von seinen Leuten, welche den Colorado schon bei einer frühern Gelegenheit so weit aufwärts kennen gelernt hatten, versicherten nämlich, daß sie sich um keinen Preis von der Dunkelheit in den Schluchten überraschen lassen dürften, wenn sie nicht, ohne es zu bemerken, an dem einzigen Punkt, wo ein Landen möglich, vorbeigleiten, oder auch beim Hinübergehen über irgend eine Stromschnelle in die Tiefe hinabgerissen und an den verborgenen Klippen zerschmettert werden wollten. Auch erklärten sie, daß ihre Fahrt, trotzdem sie mit rasender Schnelligkeit davongetragen werden würden, wohl einen ganzen Tag in Anspruch nähme, und sie dennoch, in Folge der vielen Windungen des Stromes und seiner fast westlichen Hauptrichtung, gar nicht so sehr weit von der Stelle wieder auf das Hochland hinaufgelangen würden, wo sie es einige Tage vorher, indem sie ihren Verfolgern auszuweichen trachteten, zum ersten Mal betreten hatten.

Ihr plötzliches Auftauchen in einem Winkel, von welchem nach ihrer Ueberzeugung weder die Mormonen, noch die Utahs eine Ahnung hatten, betrachteten sie als einen besonders glücklichen Umstand. Die Mohaves konnten von dort aus ungestört ihren südlich gelegenen Dörfern zuwandern, Weatherton und seine ursprünglichen Begleiter dagegen sich nordwärts wenden, und hatten Letztere voraussichtlich schon längst wieder das Mormonengebiet betreten, wenn ihre Verfolger noch immer vergeblich zwischen den Schluchten nach ihnen forschten und auf ihr Wiedererscheinen lauerten.

Der ganze Plan war so sorgfältig durchdacht, und die Mohaves sowohl, wie auch die Delawaren trugen eine solche Zuversicht in das Gelingen desselben zur Schau, daß auch ihre weißen Gefährten keinen Zweifel mehr in den günstigen Erfolg ihres Unternehmens setzten. Namentlich betrachtete Falk es als einen besondern Glückszufall, förmlich mit Gewalt in einen Erdenwinkel hineingetrieben worden zu sein, welcher wohl schwerlich seines Gleichen auf Erden finden und so leicht nicht wieder von dem Fuß eines weißen Menschen betreten werden dürfte.

Unter solchen Verhältnissen und Erwartungen konnte die allgemeine Stimmung nur eine heitere genannt werden. Die beiden Freunde verglichen zwar nicht ohne Besorgniß ihr gebrechliches Binsenfahrzeug mit der reißenden Strömung des Colorado, doch wurde die Besorgniß reichlich überwogen durch jene Lust an Abenteuern, welche die Schwierigkeiten gern geringer erscheinen läßt, als sie in der That sind, den Geist aber in einer gewissen fieberhaften, anregenden Spannung erhält, die für ein männlich kräftiges Gemüth selbst aus den allergefährlichsten und mißlichsten Lagen entspringt.

So war denn auch die Gesellschaft bereits vor Sonnenaufgang ämsig damit beschäftigt, das eigenthümliche Fahrzeug *),

*) Einzige Art der Colorado=Indianer, den Strom zu befahren.

welches sie auf dem Ufer zusammengefügt hatten, vorsichtig in's Wasser zu schieben, und zwar hatten sie dazu eine Stelle ausgewählt, wo die Strömung nicht so heftig an das Ufer prallte, sie also mit Muße und Bequemlichkeit alle diejenigen Vorbereitungen zum Aufbruch treffen konnten, welche ihnen nicht nur unerläßlich, sondern auch vortheilhaft erschienen.

Das Fahrzeug bestand eigentlich aus zwei abgesonderten Flößen, welche, um bei kurzen Biegungen das Zerreißen zu verhüten, mittelst Riemen und Binsenstricken hinter einander befestigt waren. Jedes besaß indessen Tragfähigkeit genug, die ganze Gesellschaft aufzunehmen.

Die einzelnen Flöße bildeten längliche Vierecke, zusammengefügt aus zwei Lagen starker Binsenbunde, von welchen die untere stromabwärts wies, während die andere quer auf der untern ruhte. Wie nun die Bunde der einzelnen Lagen unter sich fest mit einander verflochten und vereinigt worden waren, so hatte man auch jedes Bund der oberen Schicht wieder besonders mit den entsprechenden unteren zusammengeschnürt, wodurch eine so feste Unterlage hergestellt worden war, daß man, ohne Besorgniß, durchzutreten, nach allen Richtungen darüber hingehen durfte.

Die Flöße in das Wasser zu bringen, ohne sie zu beschädigen, war eine schwierige Arbeit; den vereinten Kräften der zehn Männer gelang es indessen schnell. Wie sie dann aber im seichten Wasser so leicht schwammen, als wären sie aus Kork geschnitzt gewesen, da konnte selbst Rast nicht umhin, seine Zufriedenheit über das merkwürdige Machwerk zu äußern. Er hätte zwar gern noch ein Steuerruder oder gar einen Mast angebracht, doch wagte er nicht, mit diesem Vorschlage offen vorzutreten, aus Furcht, die Rothhäute würden sich wieder als „bessere Wassermänner" ausweisen. Er tröstete sich indessen über diese Mängel mit dem Gedanken, daß der Colorado auch nicht die Probe von salzigem Beigeschmack habe und eigentlich nur eine Rinne sei, gut genug für Gassenbuben, ihre Papierschiffchen auf derselben treiben zu lassen. Mit großer Befriedigung erfüllte es ihn, daß die Ruderhölzer, welche er mit vieler Mühe aus dem Treibholz hervorgesucht und nach besten Kräften ausgeschnitzt hatte, von den Mohaves so sehr bewundert wurden. Dieselben waren gewohnt, sich auf ihren Stromfahrten des ersten besten Zweiges zum Steuern zu bedienen, indem das Ausmeißeln von Riemen bei ihren unzureichenden Werkzeugen ihnen einestheils zu viel Mühe verursachte, anderntheils aber auch weggeworfene Arbeit gewesen wäre. Sie konnten nämlich ihre Binsenflöße nur zur Reise stromabwärts verwenden, und überließen dieselben, am Ziele angekommen, mit der ganzen Ausrüstung gewöhnlich ihrem Schicksal.

Die beiden aneinander gefesselten Zwillingsfahrzeuge schwammen also. Man beeilte sich daher, die Oberflächen derselben noch mit den Binsen zu bestreuen, welche so lange als Lager gedient hatten, und namentlich wurden zwei bankähnliche Erhöhungen geschaffen, auf welchen die Reisenden ihre Decken und Waffen, kurz, Alles, was sie am meisten vor Feuchtigkeit zu bewahren wünschten, aufstapelten. Als letztes Schifffahrtsgeräth wurde schließlich noch auf jedes Floß ein länglicher, etwa ein Centner schwerer Felsblock gelegt, an welchen man alles Riemenwerk, welches aufzutreiben gewesen war, in Form von festgedrehten Stricken befestigte, um sie im Nothfall an Stelle von Ankern zu benutzen.

Die äußersten Ränder der luftigen Plateaus begannen eben im rothen Glanz der aufgehenden Sonne zu glühen, da ergriffen die zehn Männer jeder seine Stange, und begleitet von Rast's lustigem „All' an Bord!" vertheilten sie sich zu zwei gleichen Hälften auf die Flöße.

Auf dem vordersten, als dem wichtigsten, befanden sich Kairuk,

Jreteba, der Schwarze Biber, Raft und Weatherton, während John, die übrigen drei Mohaves und Falk die Bemannung des andern bildeten.

Die Mohaves traten sodann noch einmal an's Ufer, um mit den Händen zu schieben, die übrigen Männer halfen mit ihren Stangen und Pfählen nach, und gleich darauf glitt das Doppelfloß langsam in tieferes Wasser.

Zur allgemeinen Freude erwies sich das festverbundene Flechtwerk als durchaus seetüchtig, wie Raft in seinem erwachenden Enthusiasmus es bezeichnete, und von einer Tragfähigkeit, daß man ihm die doppelte Last hätte aufbürden können, ohne es dadurch tiefer als bis an die oberste Binsenschicht in's Wasser zu drücken. Es ließ sich also erwarten, daß es bei seinem geringen Tiefgange, ohne anzustoßen, über manche Klippe weggleiten würde, die jedes andere, noch so gut gebaute Boot mit sicherem Verderben bedroht hätte. —

Ganz langsam setzte sich das Floß also in Bewegung. Langsam und gleichmäßig, wie um nähere Bekanntschaft mit dem Element zu schließen, auf welchem es, ob nun ganz oder stückweise, die Reise bis in den Golf von Kalifornien zurücklegen sollte. In demselben Grade aber, in welchem der Druck der Fluthen das Uebergewicht über dasselbe gewann, bewegte es sich auch schneller dahin, und noch keine zweihundert Ellen weit war es von der Stelle entfernt, wo es vom Stapel gelaufen, da hielt es schon gleichen Schritt mit der Strömung, und bald wie von Dampfkraft getrieben, bald wie von einer leichten Brise gepreßt, je nachdem es in den Hauptcanal oder in geschützteres Wasser trat, verfolgte es seine breite, wirbelnde Straße.

Anfangs beobachteten die Männer mit athemloser Spannung das Arbeiten des gebrechlichen Gebäudes, welchem sie ihr Leben anvertraut hatten. Sobald sie aber die Ueberzeugung gewannen, daß sich dasselbe, trotz der heftigen Strömung, lenken lasse, wurden sie ruhiger und zuversichtlicher, und mit mehr Theilnahme betrachteten sie die wunderbaren prachtvollen Scenerien, an welchen sie wie im Fluge vorübergetragen wurden. Nach kurzer Zeit erreichten sie das Ende des Thalkessels und, erfaßt von den immer mehr zusammengepreßten Fluthen, schossen sie in das südliche Thor hinein. Wenn ihnen nun in dem Felsenkessel die Atmosphäre kühl geschienen hatte, so empfanden sie dieses noch mehr, als sie, eine kurze Strecke in den Engpaß hineingetrieben, bei einer scharfen Biegung die Aussicht auf das rückwärts gelegene Thor verloren und sich plötzlich in einem ringsum scheinbar vollständig abgeschlossenen Trichter von den unglaublichsten Größenverhältnissen befanden.

Eine feuchte, unheimlich kalte Kellerluft wehte ihnen entgegen, und während hoch oben die Sonne die Abflachungen der gigantischen Plateaus glänzend beleuchtete, herrschte unten noch immer eine leichte Dämmerung, und nur ganz schmal war der Streifen des lieblich blauen Himmels, der sich in den eilenden Fluthen spiegelte. Wenn die Seitenwände sich auch senkrecht aus dem Wasser erhoben und bis zu ihrem höchsten Rande hinauf fast ununterbrochene Flächen zeigten, so schienen sie doch, in Folge der großen Entfernung, oben näher zusammenzurücken und, weit überhängend, bei der geringsten Erschütterung niederbrechen und das ganze Strombett ausfüllen zu wollen.

Unten aber rauschte und brandete der Strom unwillig, wie im Zorn darüber, daß man ihm einen so geringen Spielraum gelassen, und auf seiner Oberfläche tanzte das schwer befrachtete Floß mit rasender Geschwindigkeit dahin. Die breite Fläche, welche es den wirbelnden und kreisenden Fluthen bot, und der gleichmäßig vertheilte Tiefgang verhinderten, daß es ein Spiel der Wellen wurde, und wo es drohte, seine Stetigkeit durch einen zu schweren Druck von der einen oder der andern Seite zu verlieren, da waren die Männer mit ihren Ruderhölzern bereit, das Gleichgewicht schnell wieder herzustellen und die Gefahr, welche aus dem Kreisen und Drehen entstehen mußte, rechtzeitig abzuwenden.

Ihre Straße lag fast beständig in der Mitte des Stromes. Sie konnten dort, dem Hauptcanal folgend, am leichtesten verhüten, auf der einen oder der andern Seite gegen die Felsen geschleudert zu werden. Geschah dies dennoch, so waren sie rettungslos verloren; das Wasser war zu tief und reißend, und nirgends boten die schroffen Mauern der Hand oder dem Fuß einen sichern Halt.

Gesprochen wurde nur wenig, denn Jeder war sich des Zweifelhaften seiner Lage zu sehr bewußt; aber bald auf dem Wasserspiegel, bald auf den Seitenwänden, bald hoch oben auf dem Streifen Sonnenschein, der allmälig immer tiefer hinabglitt, ruhten die erstaunten Blicke. Ueberall gab es etwas zu sehen, überall etwas zu bewundern, was die Gedanken an die Gefahren verdrängte und gewissermaßen für die vielen Widerwärtigkeiten belohnte, welchen die Abenteurer in der letzten Zeit begegnet waren.

Unaufhaltsam, wie der Pfeil, wenn er die straffe Sehne des Bogens verlassen, schoß das leichte Fahrzeug mit seiner Last nach vorn; hastig folgte es den Windungen, in welchen der Strom sich immer mehr nach Westen drängte, hastig und von kundigen Händen geführt, ohne daß es seinerseits sich um die mancherlei wunderbaren Scenerien gekümmert hätte, welche zu beiden Seiten seinen Weg begleiteten und ihm gleichsam die freundlichsten Grüße an andere, dem Menschen zugänglichere Regionen mit auf die Reise gaben.

Eilig flog es vorbei an wunderbaren Schlössern mit kühn emporragenden Zinnen, vorbei an zerfallenden Thürmen mit unregelmäßigen Fenster- und Thüröffnungen, welche ihr Entstehen einer neckischen Laune der Natur verdankten; vorbei an kolossalen Strebepfeilern, welche die überhängenden Wände zu stützen schienen. Leuchtthurmartige Obelisken und massive Pyramiden, hier die letzten Ueberreste des fortgespülten Urgesteins, dort bestehend aus niedergestürzten Theilen des Hochplateaus, stellten sich dem schwachen Binsenfloß allerwärts entgegen, wie um es sammt seiner Bemannung an den unerschütterlichen Grundstützen zerschellen zu lassen; doch die Strömung zeigte ihm einen sichern Weg, und vorbei trieb es auch an diesen, ohne anzustoßen. Im weiten Bogen zog es herum, die merkwürdigen Naturbauwerke gleichsam neugierig von allen Seiten betrachtend; ein flüchtiger Blick darauf war ihm vergönnt, und weiter glitt es mit Windeseile. Was eben noch das Auge fesselte, das wurde in der nächsten Minute schon wieder durch eine neidische Felswand aus dem Gesichtskreise gerückt. Aber neue Wunderwerke tauchten vor dem grünen Fahrzeuge auf, und neue Hindernisse, vor welchen es auf seiner Hut sein mußte.

Doch nicht immer durfte es sich sorglos der Führung des Wassers überlassen, denn dasselbe war hinterlistig, und an Stellen, auf welchen es die glatteste Oberfläche zeigte, da verbarg es oft tückisch die gefährlichsten Untiefen. Auch hätte es von dem nimmer rastenden Fluthandrange leicht in irgend eine weite Höhle hineingerissen werden können, um gleich darauf wieder stückweise hinausgeschleudert zu werden.

Hu! das waren fürchterliche Stellen! Schon von weitem an dem dumpfen Getöse erkennbar, schienen sie trotzdem noch Gutmüthigkeit genug zu besitzen, das herbeischießende Floß vor der Gefahr zu warnen. Und wie dann die Männer arbeiteten, und wie das brückenähnliche Fahrzeug schwankte und mit Schlangenbewegungen aus der Strömung hinauszukommen suchte!

Es waren aber auch gar zu böse und erschreckliche Stellen.

Jahrtausende hindurch hatten die Fluthen sich abgemüht, im heftigen Anprall solche Höhlen auszubohren, und jetzt, da sie fertig waren, schlürfte der Felsen, wie eine durstige Charybdis, ganze Wasserberge ein, um sie an beiden Seiten aus den Winkeln seines gähnenden Rachens wieder hervorschäumen zu lassen; denn der Rachen war wie ein Sack gestaltet, und was hineinströmte, das mußte nothgedrungen auf demselben Wege wieder an's Tageslicht befördert werden.

Wenn das Floß aber glücklich solche Stellen überwunden hatte, und es schwamm wieder auf ruhigem Wasser, wie schien ihm dann so wohl und leicht um's Herz zu sein. Und doch hatte es selbst sich nicht im geringsten angestrengt, während die Männer, welche es trug, sich ganz außer Athem arbeiteten und sich kaum die Zeit nahmen, noch einen triumphirenden Blick nach dem überwundenen Hinderniß zurückzusenden.

Dann ging es auch wohl über Stromschnellen, wo das Wasser über einen breiten Damm von Geröll donnerte und auf der andern Seite des Dammes in Tausenden von schäumenden Strudeln seiner Wege in einer Weise weiter zog, als habe es sich über die Unverschämtheit der Steine und Felsblöcke gar nicht wieder beruhigen können.

Das Floß dagegen fürchtete sich nicht vor den Stromschnellen; es ließ sich gemächlich von den watenden Männern nach einem geeigneten Uebergangspunkt hinschleppen, und noch gemächlicher über die gefährlichen Steine fortheben. Fiel dann der Eine oder der Andere bis unter die Arme in's Wasser, oder wurde er gar gezwungen zu schwimmen, und nur durch rechtzeitigen Beistand seiner Gefährten vor dem Ertrinken gerettet, so folgte es so gleichgültig und schwerfällig den hebenden und sich senkenden Bewegungen der aufgeregten Fluthen, als wenn es wirkliches Bewußtsein besessen und schon vorher Gleiches mit Gleichem habe vergelten wollen. Und gewiß war es nicht edel, daß die Menschen, so lange sie seiner bedursten, das arme Floß mit der größten Vorsicht behandelten und bewachten, um es demnächst, so bald sie nur wieder festen Boden unter ihren Füßen fühlten, seinem Schicksal kaltblütig zu überlassen.

Ferner schoß es auch auf Wasserfällen hinunter, die aber glücklicherweise nicht sehr tief waren und sogar, hart am unterspülten Ufer, von Abstufungen begränzt wurden, auf welchen es mit vieler Mühe wohlbehalten hinuntergeschafft werden konnte. Und wenn es unterhalb derselben auch wirklich eine Zeit lang kreiste, so waren doch immer gleich wieder eine Anzahl kräftiger Arme bereit, ihm die alte Richtung zu geben. Hatte es sich aber erst wieder von den Folgen des Schwindels erholt, so ließ es sich, wie im tollen Walzer, fester und sicherer von den dahinjagenden Fluthen umschlingen, und vorwärts ging es, als ob der alte Flußgott selbst hinter ihm gestanden und das Wasser in eine wilde Flucht hinein geängstigt und gegeißelt hätte.

Auch an gefährlichen Treibholzklippen flog das arme, unschuldige Floß vorbei, an Treibholzklippen, an welchen der unbändige Strom seit vielen Jahren gebaut und wozu er das Material hoch oben im Norden den Urwäldern auf den westlichen Abhängen der Rocky Mountains entnommen.

Zwischen den Zacken und Aesten aber schäumte und tobte es gar grausig; und die alten Bäume, welche das Wasser und die Atmosphäre so weiß gebleicht hatten, daß sie aussahen wie lauter sauber präparirte Skelette, die reckten ihre dürren Arme flehendlich gen Himmel, während sie hinterlistig andere Zweige unter dem Wasser fortsendeten, um das ohne Arg über sie hingleitende Floß zu zerreißen und die von demselben getragene Last erbarmungslos eine leichte Beute der Wogen werden zu lassen.

Aber Kairut, der stattliche Mohavehäuptling, war zu vertraut mit dieser Art von Riffen. Wie ein Meergott stand er vorn auf der äußersten Spitze des Fahrzeugs, seine gabelförmige Stange zum schnellen Gebrauch bereit haltend.

Seine Augen blitzten nach allen Richtungen hin über die bewegliche Wasserfläche, und schon auf weite Entfernungen erkannte er die Stellen, wo unter dem scheinbar harmlosen Spiegel drohende Gefahren verborgen waren. Durch ein Zeichen gab er dem Schwarzen Biber seine Warnung zu verstehen, Jim Rast wiederholte des Delawaren Commando mit einem aufmunternden „Ahoi", die Pfähle und Ruderhölzer schlugen klatschend und spritzend in's Wasser, das grüne Floß gab nach einigem Widerstreben dem auf es ausgeübten Druck nach, und hohnlächelnd deutete der riesenhafte braune Pilot im Vorbeifahren auf die Stellen, welche ihnen verderblich hätten werden können. Nicht minder hohnlächelnd wies er aber auch auf die schwankeren Bestandtheile der Holzklippen, welche, für die Gewalt der Strömung nicht fest genug, mit der Regelmäßigkeit einer von Dampf getriebenen Säge sich neigten und verbeugten, als wenn sie die Fremdlinge hätten einladen wollen, näher heranzukommen.

Der Häuptling ließ sich indessen durch dergleichen Höflichkeitsformen nicht täuschen. Weit ab lenkte er das Floß, so weit ab, daß die weißen Reiher, die hin und wieder einen alten gestrandeten Treibholzstamm zu ihrem Ruhesitz gewählt hatten, sich gar nicht die Mühe gaben, aufzufliegen. Aber neugierig schauten sie zu der ungewohnten Erscheinung hinüber, eben so neugierig wie ihre Kameraden, die hoch oben auf Vorsprüngen und Abflachungen horsteten und, um besser zu sehen, auch wohl ihre luftige Häuslichkeit verließen und dem fliehenden Fahrzeug mit den vielen Menschen eine Strecke nachfolgten.

Nur selten, äußerst selten waren die Seitenwände der bald höheren, bald niedrigeren Schlucht durchbrochen, einen kurzen Blick in eine daselbst mündende Seitenschlucht gewährend. Weithin zeichneten sich dieselben aus durch einige verkrüppelte grüne Pappelweiden, oder kleine Binsen- und Grasflächen, welche in dem bankartig niedergeschwemmten Erdreich ihre nothdürftige Nahrung fanden.

Ach, die heitere grüne Farbe schillerte in diesem Chaos von Felsmassen und Wasserwirbeln so freundlich und einladend, daß man sie hätte mit Diamanten im Wüstensande vergleichen mögen.

Von jeder dieser winzigen Oasen glaubten und hofften Weatherton und Falk, daß sie ihr Ziel sei. Aber unerbittlich ließ Kairuk sie vorüberziehen, wobei er durch eine verneinende Geberde zu verstehen gab, daß hinter denselben unvermeidliches Verderben verborgen sei.

Und so flog das Fahrzeug dahin, und mit ihm eilte die Zeit. Der Sonnenschein war an der einen Felswand hinuntergeglitten; es näherte sich die Stunde, in welcher die eine Hälfte der Schlucht bis zur Mitte des Wasserspiegels in greller Beleuchtung schwamm, während die andere noch im Schatten lag. Es näherte sich die Zeit, in welcher kaum ein Winkel in dem offenen Gewölbe von den fast senkrecht fallenden Sonnenstrahlen unberührt blieb. Doch mochte die Atmosphäre oben zwischen dem erhitzten Gestein glühen, nahe dem Wasser, wo Alles nur wenige Stunden von der Sonne beschienen wurde, da herrschte eine angenehme Kühle, welche zur Nacht wieder in empfindliche Kälte überzugehen versprach.

Mittag war vorüber; wie das warme Licht allmälig seinen Weg niederwärts gefunden hatte, so folgte jetzt auf demselben Wege der Schatten nach, und bald begann sich wieder eine duftige Dämmerung auf den Strom zu lagern.

Bis jetzt waren den Reisenden die Stunden im Fluge verstrichen; bei dem immerwährenden Arbeiten und bei der Spannung, in welcher ihre stets wechselnde Naturumgebung sie beständig hielt, hatten sie das Enteilen der Zeit nicht beachtet und kaum bemerkt. Als sie aber durch die zunehmenden Schatten an den Abend erinnert wurden, da begannen sich auch wieder Besorgnisse einzustellen.

Nachdem indessen die Hälfte des Nachmittags vergangen war, ohne daß ein anderes Wort, als höchstens kurze Aeußerungen betreffs der Handhabung des Fahrzeugs, wenn es schwierige Stellen zu überwinden galt, gewechselt worden wären, wurde ihre Gedulb keiner langen Probe mehr unterworfen.

Wie sie am frühen Morgen die kesselförmige Thalwindung verlassen hatten, so traten sie bei einer kurzen Biegung plötzlich und ganz unerwartet in ein ähnliches Amphitheater ein. Doch verlor der Strom sich hier nicht, wie am Morgen, in einem zusammenhängenden Hochland, sondern er eilte einer wild und phantastisch bis auf die Basen ausgezackten Bergkette zu, zwischen deren gigantischen Pfeilern hindurch ihnen aus weiter Ferne die bekannten violetten und hellblauen Plateaus entgegenschimmerten.

Der Sonnenschein, dem sie nunmehr wieder ausgesetzt waren, und die kleinen grünen Binsenfelder, welche stellenweise den Strom einfaßten, übten einen überaus freundlichen Eindruck auf die Reisenden aus. Derselbe wurde aber noch auf das angenehmste gesteigert, als Kairuk mit triumphirender Miene auf das westliche Thalende wies und mehrere Male hintereinander die Worte wiederholte: „Nacht — schlafen — nicht mehr Colorado."

„Also dort liegt das Ziel unserer Stromfahrt," sagte Weatherton zu seinem Freunde, indem er mit Theilnahme auf die pyramiden- und säulenförmigen Bruchstücke des zerklüfteten Hochlandes hinschaute, und seine Muthmaßungen darüber anstellte, auf welchem Punkte der Strom sich wohl zwischen denselben hindurchdrängen würde.

„Ein prächtiges Ziel," antwortete Falk mit seinem gewöhnlichen Künstlerenthusiasmus, „wohl aber möchte ich wissen, auf welche Weise wir aus diesem Thalkessel hinausgelangen sollen. Ringsum die fürchterlichen Plateaus, die viel hübscher aussehen, als sie sich in der Praxis bewähren, und wenn wir wirklich wieder auf der Oberwelt erscheinen, dann werden wir manche Tagereise auf unseren zerrissenen Stiefelsohlen zurückzulegen haben, ehe wir in die Nähe des Plateaus kommen, auf welchem ich den Argali erlegte."

„Nicht so sehr weit, wie ich glaube," antwortete Weatherton, nach dem andern Floß hinüberschreitend und sich dort an Falk's Seite niederlassend; denn der Strom war jetzt so breit und frei von Hindernissen, daß Naft und die Mohaves das Fahrzeug ohne große Mühe zu steuern vermochten. „Nein, es kann nicht sehr weit sein," wiederholte er nach kurzem Nachdenken; „wir Seeleute sind in dergleichen Abschätzungen ziemlich geübt. Müssen wir doch mehr als zu oft, wenn uns bei trübem Wetter nur der Compaß und die Logleine zu Gebote stehen, die auf großen Umwegen zurückgelegte Entfernung errathen. Wie mir scheint, sind wir in weitem Bogen um das bekannte Plateau herumgeführt worden, und befinden uns daher jetzt nicht viel weiter von demselben entfernt, als heute Morgen; denn seht nur, unser Cours ist ja beinahe ganz westlich."

„Wenn ich auch alles dieses zugebe, so bleibt es doch immer eine mühselige Arbeit, wieder nach der Höhe hinaufzuklettern," entgegnete Falk, am westlichen Horizont nach einer Oeffnung in der Felsenreihe herumspähend.

„Auf dem Festlande bin ich allerdings nicht so zu Hause, wie auf der offenen See," versetzte Weatherton, „allein ich müßte mich sehr irren, führte der Weg nicht am Ende des Thales hinter jenem Plateau in nördlicher Richtung aufwärts."

„Brecher vor uns!" rapportirte Rast, seinen Hut dienstlich lüftend.

Weatherton sprang auf seinen Posten. Er sah indessen eine vollkommen glatte Wasserfläche vor sich, und noch ruhiger als diese waren die braunen Züge der Mohaves, aus welchen er eine Erklärung für des Bootsmannes Ruf herauszulesen suchte.

„Hast wohl geträumt, Jim?" fragte er scherzend seinen alten Gefährten.

„'S ist originell, Dickie," antwortete dieser, vertraulich an des Officiers Seite tretend, „'s ist nichts zu sehen, Dickie, aber zu hören ist's, oder ich will mit dem ganzen Plunder, der uns trägt, zur Hölle fahren. Und dann, Dickie, geht's auch zwanzig Meilen die Stunde mit zunehmender Geschwindigkeit. Hört sich an wie's Branden am Meeresstrand, und fährt sich wie auf zurücktretender Fluth."

Weatherton lauschte eine Weile und beobachtete die grünen Binsenfelder, an welchen sie in der That mit rasender Geschwindigkeit vorübergetragen wurden.

„Jim, ich glaube, Du hast Recht," sagte er dann ernster, „aber Brecher sind es nicht, sondern ein Wasserfall, dem wir zutreiben. Biber!" wendete er sich darauf an den Delawaren, der seine Blicke mit eigenthümlicher Aufmerksamkeit auf die schnell näher rückenden Höhen geheftet hielt, „fragt doch den Mohave, ob er das Brausen des Wassers höre und ob es Stromschnellen seien, von welchen dasselbe herrührt?"

Der Schwarze Biber that, was Weatherton von ihm verlangte, ohne indessen die Blicke von dem Punkte zu wenden, welchen er in's Auge gefaßt hatte.

Kairuk kehrte sich um, und Weatherton sein glücklich lachendes Antlitz zeigend, verdeutlichte er ihm, daß etwas weiter unterhalb der nunmehr schon in allen ihren Formen sichtbaren Felsenreihe der Strom einen Sprung mache, zehnmal so tief, wie er selbst hoch sei, und daß sie Alle zerschmettert werden würden, wenn es ihnen nicht gelänge, rechtzeitig auszubiegen.

„Schöne Aussichten," murmelte Weatherton nach dieser Mittheilung vor sich hin, und er wollte Rast und Falk eben auf die ihnen bevorstehende harte Arbeit vorbereiten, als des Bibers dringender Ruf sein Ohr traf.

„Capitain!" rief derselbe aus, einen Titel, welchen er jedem Officier, ob nun Lieutenant oder General, beilegte, „Ihr habt ein Augenglas?"

„Ein Fernrohr?" Allerdings habe ich ein solches, wünscht Ihr es zu haben?"

„Ja, aber schnell, stellt es und reicht es mir," und indem der Delaware dies sagte, blickte er unverwandt auf die nächsten Höhen, während er die rechte Hand nach hinten ausstreckte, um das Verlangte in Empfang zu nehmen.

Weatherton nahm schleunigst das Fernrohr aus dem um Rast's Hals hängenden Futteral, und nachdem er es gestellt, reichte er es dem Delawaren dar.

Dieser, im Gebrauch solcher Instrumente schon geübt, hob dasselbe langsam empor und näherte es behutsam seinem Auge.

Etwa eine Minute lang suchte er nach dem Punkte, der seine Aufmerksamkeit erregt hatte; eine andere Minute brachte er damit hin, den betreffenden Gegenstand zu betrachten, worauf er John an seine Seite rief und ihn ebenfalls einen Blick auf denselben werfen ließ.

Als Weatherton dann das Fernrohr wieder in seinen Händen hielt und seinerseits nach den Höhen hinüberspähen wollte, riethen die Delawaren ihm davon ab. „Ihr würdet doch nichts mehr entdecken," sagte John, „ich selbst bemerkte ihn nur noch in dem Augenblick, als er sich hinter einem Felsblock verbarg; besser, Ihr gebt Euch keine Mühe; er hat scharfe

Augen und braucht nicht zu wissen, daß wir seinen Aufenthaltsort kennen."

„Aber wen meint Ihr eigentlich?" fragten Weatherton und Falk fast gleichzeitig, denn auch Letzterem war es nicht entgangen, daß es sich hier um etwas sehr Wichtiges handele.

„Wen anders, als La Bataille, den Hund von einem Schlangen-Indianer," antwortete der Biber ruhig; „ich sah seine rothe Decke schon lange, wußte aber nicht, ob's ein Stein sei; 's rührte sich nicht von der Stelle. Aber durch Euer Glas, Carajo! erkannte ich ihn so deutlich, wie ich Euch jetzt sehe."

„Wie aber kommt er dahin, und was beabsichtigt er dort oben?" fragte Weatherton, kaum noch das Dahinschießen des von den Mohaves gesteuerten Floßes beachtend.

„Denke, er kam zu Fuß," antwortete der Delaware mit einem leichten, verschmitzten Lächeln; „denke, er kam, um Euch und uns Allen die Kehle durchzuschneiden —"

„Ziemlich harte Arbeit für ihn!" schnarrte Rast, auf seinen scheidelosen Cutlaß schlagend, welchen er, um ihn bei der tollen Fahrt nicht einzubüßen, in seinen Gurt geschoben hatte.

„Denke, sehr harte Arbeit für uns," bekräftigte der Biber; La Bataille befindet sich nicht allein dort, ist nur hinaufgestiegen, um nach uns zu spähen. Der Schurke! dachte mir's gleich, daß er eben so gut wie die Mohaves den Ausweg aus diesem Thale kenne. Bei Gott! Wir müßten den Wasserfall hinuntergleiten, um den Hunden zu entgehen. La Bataille allein? Bah! La Bataille ist nichts, aber dreißig Utahs und Mormonen mit gezogenen Gewehren, Goddam! das mehr als gut für fünf Büchsen. Rechne nämlich die Bogen und Pfeile der Mohaves für nichts. Aber seht nach Euren Waffen; denke, 's wird knallen, ehe es dunkelt."

Nach diesen Worten wendete er sich zu Kairuk und Ireteba, um ihnen mitzutheilen, daß ihnen bei der muthmaßlichen Landestelle ein Hinterhalt gelegt sei, zugleich aber auch, um mit ihnen zu berathen, auf welche Weise ihre Feinde wohl überlistet werden könnten.

Diese nahmen bei der unerwarteten Nachricht zuerst eine bedenkliche Miene an. Nachdem sie aber eine Weile unter sich berathen, klärten sich ihre braunen Physiognomien wieder auf, doch nicht zu ihrem gewöhnlichen gutmüthigen Lächeln, sondern zu einer wilden Freude, wie etwa bei einem Panther zu Tage tritt, wenn er die Beute in den Bereich seines Sprunges kommen sieht.

Auch die beiden Delawaren waren wie umgewandelt. Die Gewohnheiten, welche sie in ihrem vielfachen Verkehr mit den Weißen sich allmälig angeeignet, schienen sie plötzlich vergessen und verlernt zu haben, an deren Stelle traten jener undurchdringliche Ernst und die scharf beobachtende Entschlossenheit, welche vorzugsweise die auf der Ostseite der Rocky Mountains lebenden Eingeborenen charakterisiren.

Das Bewußtsein, einem ungleichen Kampfe entgegengeführt zu werden, welchem man, wie es den Anschein hatte, nach keiner Seite hin auszuweichen vermochte, rief also eine ganz andere Stimmung hervor, eine Stimmung, die weit entfernt von einer behaglichen war. Die Mohaves lenkten das Fahrzeug nach alter Weise, ohne sich um ihre Waffen zu kümmern; die Delawaren versahen die Pfannen an ihren Feuerschloßbüchsen mit frischem Pulver; Weatherton, Raft und Falk vertauschten die Kupferhütchen an ihren Drehpistolen und Büchsen mit solchen, von denen sie überzeugt waren, daß sie nicht durch die Feuchtigkeit gelitten hatten, und als sie damit zu Stande gekommen waren, legten sie, auf des Bibers Rath, die Waffen wieder hin, jedoch so, daß sie dieselben auf das erste Zeichen ergreifen konnten.

„Sie dürfen nicht ahnen, daß wir gerüstet sind," erklärte der Delaware; „sie würden uns mit Schüssen empfangen, anstatt, um uns ganz sicher in ihre Gewalt zu bekommen, unbelästigt vorbeitreiben zu lassen."

Weatherton's Vorschlag, an irgend einem Binsenfelde zu landen und zu versuchen, von dort aus zu entkommen, wies er entschieden zurück. Er stützte sich darauf, daß nunmehr schon alle ihre Bewegungen beobachtet würden, und auf alle Fälle, gemäß der Versicherungen der Mohaves, der einzige Weg gerade bei ihren Verfolgern vorbeiführe, sie aber wahrscheinlich schon erschossen sein würden, ehe es ihnen gelänge, sich den schroff emporstrebenden Felsen bis auf hundert Schritte zu nähern.

War es auch keine sehr hoffnungsreiche Aussicht, welche der Delaware eröffnete, so diente sie doch mit dazu, das Vertrauen auf ihn noch immer mehr zu befestigen, und auf einem Kriegsschiffe hätte die Disciplin nicht geregelter sein können, als die Pünktlichkeit, mit welcher die Mohaves sowohl, als auch die drei Weißen den Anordnungen des Schwarzen Bibers Folge leisteten.

Das Floß trieb unterdessen schneller und schneller auf dem breiten Wasserspiegel dahin, und deutlicher drang das dumpfe Getöse, mit welchem die Fluthen sich in einen bis jetzt noch unsichtbaren Trichter hinabstürzten, zu den Abenteurern herüber. Alle hatten wieder ihre Ruderwerkzeuge zur Hand genommen, und mechanisch unterstützten sie die Mohaves im Lenken des Fahrzeugs, während ihre Blicke unstät nach den beiden Ufern hinüberschweiften und sich mißtrauisch auf jede Unebenheit des Bodens, auf jeden niedergerollten Felsblock und jeden Binsenbusch hefteten, als wenn sie erwartet hätten, von dort aus mit einer Kugel begrüßt zu werden.

Doch Alles blieb ruhig, und nirgends zeigte sich eine Spur, die auf feindliche Absichten gegen sie gedeutet hätte. Auch auf dem Floß herrschte Schweigen. Diejenigen aber, von welchen die Reisenden beobachtet wurden, mußten deren Schweigen, wegen der Nähe des Wasserfalls, für natürlich halten, zumal die Fahrt eine solche Schnelligkeit erreicht hatte, daß jedes Ausbiegen aus dem Hauptcanal nur unter den größten Anstrengungen ausgeführt werden konnte.

Plötzlich flog das Fahrzeug mit einer Viertelwendung nach Süden herum, und vor ihnen lag, in der Entfernung von einer halben englischen Meile, die verhängnißvolle Stelle. Der Fluß erweiterte sich hier zu einer ungewöhnlichen Breite, und indem er sich dann wieder verengerte, schoß er mit aller Gewalt auf das Felsenthor zu, auf dessen anderer Seite, gemäß Kairuk's Aussagen, die flache Mündung einer breiten Schlucht das Landen möglich machte.

Beruhten des Häuptlings Versicherungen nicht auf einem Irrthum, so konnte der betreffende Punkt nur auf der rechten Seite, und zwar dicht hinter der den Thorflügel bildenden Felswand liegen; denn schon nach den nächsten zweihundert Ellen tobte der Strom bereits wieder in eine mächtige Schlucht hinein, in welche in der That noch nie ein Sterblicher eingedrungen war. Die leichte weiße Nebelwolke, welche in der Mündung der Schlucht über den wirbelnden Fluthen schwebte und beständig mit eigenthümlicher Beweglichkeit ihre Form veränderte, bewies ja zur Genüge, daß sich gerade dort der Wasserfall befand, dessen Getöse die Reisenden schon so lange vorher vernommen hatten.

„Also zwischen hier und dort muß es sich entscheiden, oder wir werden mit in den Abgrund hinuntergerissen," sagte Falk leise zu Weatherton, indem er zu ihm herantrat und ihm verstohlen die Hand reichte.

Dieser erwiderte den Druck mit Wärme, und dann trennten sie sich von einander, Jeder bereit, den etwa drohenden Gefahren trotzig die Stirn zu bieten.

Schnell näherten sie sich der westlichen Seitenwand. Dieselbe begränzte den Strom auf ungefähr dreihundert Schritte weiter als die östliche, zeigte sonst aber ganz dieselben Formen. Wie sich aus den Gesteinsschichten ergab, hatten die beiden Thorflügel ursprünglich zusammengehangen und mit den sich gegen Westen vielfach wiederholenden Pfeilern und Thürmen ein großes Ganzes gebildet, welches wiederum nur ein Ueberrest des in dieser Gegend vorzugsweise tief heruntergespülten Hochlandes war. Die westliche Felswand erwies sich als die Vorderseite eines abgesonderten wallähnlichen Plateaus, dessen höchster Punkt sich gegen fünfhundert Fuß hoch erheben mochte. Gegen Norden und Süden senkte sich dieser Wall sich stark, so daß die beiden Enden der dem Strom entsteigenden Mauer kaum vierzehn Fuß hoch über dem Wasserspiegel lagen. Die ganze Länge der Mauer betrug ungefähr sechshundert Schritte; obgleich zusammenhängend, bildete sie doch in der Mitte einen stumpfen Winkel, in welchem die Strömung des Colorado sich brach und, heftig abprallend, in gerader Linie, aber schräger Richtung der durch den Wasserfall gefährlichen Schluchtöffnung zueilte. Was in dem Winkel vorging, konnte also, der seltsamen Formation wegen, weder von oberhalb, noch von unterhalb aus bemerkt werden.

Auf diesen Winkel nun schien Kairuk seine ganze Hoffnung gesetzt zu haben, denn anstatt, wie früher immer geschehen, das Floß auf der Außenseite des Canals in ruhigeres Wasser zu drängen, ließ er durch den Biber an Alle die Aufforderung ergehen, mit äußerster Macht dahin zu arbeiten, daß das Fahrzeug möglichst nahe an die Felswand herantreibe und dieselbe sogar leise streife.

Es geschah, wie angeordnet war. Jeder gebrauchte sein Ruderholz nach besten Kräften, und wenn auch das Floß den wellenförmigen Bewegungen der brausenden Strömung nachgab, und bei den rasch aufeinander folgenden Hebungen und Senkungen knackte und sich länger auszurecken schien, so kamen sie nach den ersten zwanzig Schritten, welche sie an der Felswand hin zurücklegten, doch so nahe heran, daß sie dieselbe mit ihren Händen zu erreichen vermochten.

Sobald sie hart an die Mauer herantraten, waren sie allerdings den Blicken der auf dem Felsenwall aufgestellten Schildwache entrückt; sie bezweifelten indessen nicht, daß sie bis dahin auf's schärfste beobachtet worden waren. Hätten sie aber noch Zweifel gehegt, so wären dieselben gewiß geschwunden, als sie über ihren Häuptern den heisern, jedoch durchdringenden Schrei eines blauen Reihers vernahmen, der gleich darauf von einem ähnlichen Ruf, welchen sie trotz des Rauschens und Brausens unterschieden, vom südlichen Ende des Felsenthores her beantwortet wurde.

Kaum befanden sie sich also in der Nähe der Uferwand und auf dem besten Wege nach dem vielleicht noch zweihundert Ellen weit entfernten Winkel, so legten zwei der Mohaves ihre Stangen zur Seite; dagegen ergriff jeder einen der als Anker dienenden Steine, und sie mit leichter Mühe auf die Schultern hebend, machten sie sich bereit, dieselben auf ein gegebenes Zeichen von sich zu schleudern, während Jreteba und John die Enden der an den Steinen befestigten Stricke hielten, um im entscheidenden Augenblick Beistand zu leisten.

Schnell, wie diese Vorkehrungen auch getroffen waren, hatte das Floß sich doch schneller vorwärts bewegt, und wohl die Hälfte der Entfernung bis zu dem Winkel war gleichsam unter demselben fortgeglitten, als die beiden Mohaves sich zum Schleudern der Steine anschickten.

Da zeigte sich gegen zwanzig Fuß weit voraus ein dunkler Schatten auf der hellfarbigen Felswand. Derselbe, auf dem Wasser beginnend, gewann während des Heranschießens schnell an Umfang und Dunkelheit.

„Ahau!" rief Kairuk leise aus; die beiden Krieger neigten sich mit einer heftigen Bewegung nach vorn, die Ankersteine durchschnitten die Luft gerade auf den Schatten zu, und klatschend und spritzend fielen sie in einer Felsaushöhlung in's Wasser. Obgleich die Steine nicht tief sanken und hinter Vorsprüngen auf dem felsigen Boden eine sichere Lage gefunden hatten, so schienen sie beim ersten Anprall doch nicht schwer genug für ihre Zwecke zu sein. Wahrscheinlich wären sie sogar von der Felsplatte wieder herunter in's tiefe Wasser gerissen worden, wenn John und Jreteba nicht durch Nachgeben den Stoß gemildert hätten, diese aber nicht durch das heftige Rudern ihrer Gefährten unterstützt und vor einem Sturz bewahrt worden wären.

Außerdem kam ihnen aber auch zu statten, daß durch die Strömung etwas Wasser in die Höhle hineingedrängt wurde, was sich namentlich bemerkbar machte, als sie das Floß dichter heranzogen.

Rissen die Stricke, oder glitten die Ankersteine von der mit ungefähr zwei Fuß Wasser bedeckten Steinplatte herunter, oder reichten endlich die Kräfte der Männer nicht aus, den Stoß aufzufangen, so war ihr Aller Geschick besiegelt. Sie hatten dann die Gewalt über das Fahrzeug verloren, wurden, ein leichtes Spiel der gewaltigen Strömung, an der Stelle vorbeigetrieben, auf welcher ihnen die Mormonen und Utahs sogar noch das Landen wehrten, und ehe sie nur einen Schritt zu ihrer Rettung hätten versuchen können, wären sie sammt und sonders in den schäumenden Abgrund hinuntergeschleudert worden.

Das Floß war also glücklich zum Stehen gebracht worden, doch erzeugten die sich entgegenwirkenden Kräfte eine so heftige Erschütterung, daß es trotz seiner breiten Bauart, und trotzdem die Männer das Gleichgewicht nicht störten, beinahe umgeschlagen wäre. Es begann nämlich in drohender Art zu kreisen und das Hintertheil, auf welches die Strömung den schwersten Druck ausübte, herumzuschwingen. Als dann aber alle Hände dieser

Bewegung mit vereinigten Kräften entgegenarbeiteten, da tauchte das ganze Fahrzeug so tief unter, daß die Fluthen über dasselbe fortrollten und die Binsenanhäufung sammt den Waffen und sonstigen Habseligkeiten hinweggeschwemmt worden wäre, hätte nicht der Schwarze Biber, die Gefahr erkennend, sich quer über dieselben geworfen und durch seine Last Alles niedergedrückt und festgehalten.

Nach glücklicher Ueberwindung des ersten Stoßes hob sich indessen die oberste Binsenschicht wieder aus dem Wasser. Einige Mohaves sprangen in die Höhle hinein, von dem erleichterten Floß aus wurden ihnen die Enden der Ruderstangen dargereicht, und willig folgte dieses der Gewalt, mit welcher es die Männer in die Höhle hinein schoben und zogen.

3.
In dem Felsplateau.

Indem die Flüchtlinge mit Allem, was sie besaßen, in die Höhle eintraten, durften sie sich vorläufig als gesichert betrachten. Wären sie wirklich von dem einen oder andern ihrer Feinde bis in ihr Versteck beobachtet worden, was allerdings nur von dem jenseitigen Ufer aus möglich gewesen wäre, so hätten denselben doch immer die Mittel gefehlt, sich ihnen zu nähern.

Alle fühlten sich daher von einer großen Last befreit. Selbst die Mohaves schienen freier aufzuathmen, und sie scheuten sich nicht, durch lautes Lachen und harmloses Plaudern unter sich ihre Freude über das Gelingen ihres verzweifelten Unternehmens an den Tag zu legen.

Die Beschaffenheit der Höhle kannten sie selbst nicht weiter, indem sie bei früheren Gelegenheiten nur an derselben vorübergetrieben waren. Sie wußten also auch nicht, ob ein Entkommen von dort aus möglich sei. Wohl aber begriffen sie, daß sie, um später unterhalb des Felsenthors zu landen, schon zu weit hinuntergetrieben waren, und die Strecke zwischen ihnen und dem Wasserfall zu kurz sei, um noch einmal nach der andern Seite des reißenden Canals hinüber zu rudern und von dort aus wieder halb mit der Strömung quer durch denselben zurück zu steuern. Sie hielten sich indessen für gerettet, und die Freude, ihre schlauen Feinde überlistet zu haben, stimmte sie zu heiter, als daß sie noch weiter über die nächste Zukunft hinaus hätten nachdenken mögen.

Anders war es mit den Delawaren und den drei Weißen. Nachdem sie das Floß ganz in die Höhle hineingeschafft hatten, beeilten sie sich vor allen Dingen, den Charakter i rer Umgebung kennen zu lernen und demnächst ihre Pläne zum weitern Entkommen zu entwerfen und zu berathen. Daß ihnen auf dem Wasserwege die Flucht so gut wie abgeschnitten sei, bezweifelten auch sie kaum noch, und einen andern Ausweg aus ihrer Lage vermochten sie wieder nicht zu entdecken.

Die Höhle*) führte nämlich als ein breites Thor gegen zehn Fuß tief in den Felsen hinein, erweiterte sich dort aber stromaufwärts und stromabwärts zu einem langen geräumigen Gange. Ursprünglich aus Mergelerde bestehend, war derselbe allmälig von dem eindringenden Wasser ausgespült worden, und nur dadurch wurde er in seiner ganzen Länge von der freien Luft getrennt, daß die untere Kante der von Nordwesten nach Süd-

---

*) Ich beschreibe nur Stellen, wie ich sie aus eigener Anschauung kennen lernte.

often sich stark senkenden Deckschicht über die Höhle fort bis in den Strom hineinreichte. Zur Höhle abgeschlossen wurde diese lange und regelmäßige Ausspülung also nur durch das Wasser, von dessen Stand natürlich auch ihre Geräumigkeit abhing. Wäre der Spiegel des Stromes vielleicht um drei oder vier Fuß niedriger gewesen, so hätten die Flüchtlinge wahrscheinlich nur eine lange schräge Bedachung gefunden, ähnlich der, in welcher sie vor einigen Tagen die schreckliche Gewitternacht zubrachten. Daher erklärte es sich auch, daß sie hart an der Innenseite der gegen zehn Fuß breiten Höhle aufrecht stehen konnten, während auf der entgegengesetzten Seite die Decke in einen beinahe rechten Winkel mit dem Wasserspiegel zusammenstieß.

Das Thor nun endlich war durch das Niederbrechen eines Theils der Deckschicht entstanden, deren Trümmer dann den untern Raum so hoch ausgefüllt hatten, daß nicht nur die Ankersteine daselbst einen Anhalt, sondern auch die Mohaves festen Grund für ihre Füße fanden.

Die Deckschicht reichte übrigens nur wenig, stellenweise keinen halben Fuß tief in das Wasser hinein. In Folge dessen machte sich in der Höhle nicht nur eine schwache, kreisende Strömung bemerkbar, sondern es drang auch von unten ein gedämpftes Licht durch das Wasser ein, welches zwar keine große Helligkeit verbreitete, jedoch gestattete, auf größere Entfernungen die Gegenstände mit ziemlicher Genauigkeit zu unterscheiden. Ob sich die Höhle noch weit über den Winkel hinaus erstreckte, vermochte man von dem Eingange aus nicht zu erkennen, doch erschallte von dorther ein heftiges Sprudeln und Gurgeln, woraus die Flüchtlinge entnahmen, daß es nicht rathsam sei, sich über jenen Punkt hinaus zu wagen, wo sie von der unter den Felsen hindurchbringenden senkrechten und deshalb doppelt mächtigen Brandung der Fluthen das Schlimmste zu befürchten hatten.

Es wurde daher beschlossen, die Höhle zuerst stromaufwärts

zu untersuchen, einestheils weil dort das Ende derselben nicht abzusehen war, anderntheils weil sie weiter oberhalb mehrere Lichtstreifen gewahrten, welche augenscheinlich durch Spalten im Gestein direct von Außen hereinfielen.

Behutsam lenkten sie also ihr Fahrzeug nach der angedeuteten Richtung hin. Die Strömung, obgleich durch die in's Wasser hängenden Felsen schon gebrochen, erschwerte ihnen die Arbeit; da sie sich aber ringsum mit den Händen an das Gestein stützen konnten, so gelangten sie verhältnißmäßig schnell vorwärts, und sehr bald erreichten sie die erste Spalte, durch welche ihnen ein Blick in's Freie vergönnt war.

Dieselbe war indessen kaum einen Zoll breit; sie sahen daher nichts als einen schmalen Streifen des Colorado und einen Theil des auf dem jenseitigen Ufer sich erhebenden, aus massiven Gesteinslagen bestehenden Thorflügels, und langsam setzten sie sich wieder in Bewegung.

Die Mohaves versuchten es, im Wasser zu waten und das Floß hinter sich her zu schleppen; doch gaben sie es sogleich wieder auf, als sie entdeckten, daß, wie die Bedachung sich dem Wasser zusenkte, der Boden ganz in demselben Grade abschüssig sei, wodurch sie Gefahr liefen, bei einem zufälligen Ausgleiten auf der andern Seite der schützenden Felswand, also im offenen Strome wieder zum Vorschein zu kommen.

Es wurde darauf in der alten Weise fortgefahren, und Fuß nach Fuß legten sie auf dem unterirdischen Wasser zurück.

Nach einiger Zeit glaubten sie zu bemerken, daß ihre Straße sich etwas erweitere, denn wenn sie zu Anfang nur mit genauer Noth das Floß zwischen den beiden Wänden durchzuzwängen vermochten, so stieß es, nachdem sie ungefähr fünfzig Schritte vorgerückt waren, kaum noch an.

Trotz der sich verlängernden Schatten des Abends drang, in demselben Maaße, in welchem sie sich vorwärts bewegten, immer mehr Licht durch das Wasser zu ihnen herein, und an manchen Stellen, wo der Rand des in den Strom hineinragenden Felsens etwas ausgebrochen war, schoß ihnen sogar zeitweise, je nachdem die spielenden Wellen die kleinen Oeffnungen frei machten oder wieder verstopften, ein feiner Lichtstrahl entgegen. Ihre Arbeit wurde dadurch bedeutend erleichtert, und da auch die Strömung sich immer mehr verminderte, so fanden sie zuletzt kaum noch Schwierigkeit, sich ganz nach Willkür zu bewegen.

Nach ihrer Berechnung waren sie unterhalb des Punktes eingetroffen, auf welchem der Schwarze Biber den Schlangen-Indianer entdeckte, und von wo herab sie später den nachgeahmten Ruf des Reihers vernahmen.

Wie die aus dem Fluß emporragende Felswand dort in einen stumpfen Winkel zurücktrat, so bog auch die Höhle in derselben Richtung hier plötzlich etwas landeinwärts, und sie erschraken fast, als sie, ihr Floß um die Ecke herumschiebend, die Höhle heller erleuchtet, als auf der ganzen übrigen Strecke sahen, zugleich aber auch gewahrten, daß dieselbe, kaum fünfundzwanzig Schritte weiter oberhalb, senkrecht abgeschlossen war.

Nachdem sie sich überzeugt, daß der vermehrte Lichtglanz theils unter dem nur wenige Zoll in's Wasser ragenden Felsenrande hindurch, theils durch eine größere Spalte am Ende der Höhle in den abgeschlossenen Raum eindrang, schoben sie ihr Floß wieder langsam vorwärts, und nicht eher hielten sie inne, als bis der Vordertheil ihres Fahrzeugs an die schroff aus dem Wasser emporsteigende Schlußwand anstieß.

Hier nun entdeckten sie eine handbreite Spalte in der sie überdeckenden Felsenlage, welche genau mit der Fläche der sich ihnen in den Weg stellenden Wand zusammenfiel und, sich nach oben verengend, nach unten aber erweiternd, ihnen eine Aussicht, nicht nur auf den Strom, sondern auch seitwärts auf einen schmalen Theil des sich im Bogen gegen Norden verlängernden diesseitigen Ufers eröffnete. Sie befanden sich also nur noch eine kurze Strecke von dem nördlichen Ende des Thorflügels entfernt und, wie sie deutlich gewahrten, ganz aus dem Bereich der Strömung.

Der Plateaurest war nämlich durch irgend eine Erderschütterung in seiner ganzen Breite quer durchgespalten worden. Denselben Ursachen aber, welche diesen Bruch veranlaßt hatten, war es zuzuschreiben, daß die nördliche kleinere Hälfte des damals vielleicht noch unzerstörten Plateaus gegen zehn Fuß tiefer sank, die südliche dagegen ihre alte Lage beibehielt. Durch diese Verschiebung also waren Schichten vor einander zu stehen gekommen, die einander vollständig fremd waren, und deren Fortsetzung man von Süden aus zehn Fuß tiefer, von Norden aus zehn Fuß höher zu suchen hatte. Es konnte daher nicht überraschen, daß die Fortsetzung der ausgewaschenen Mergelschicht tief unter dem Wasserspiegel lag, die Höhle dagegen plötzlich durch festes hellfarbiges Gestein begränzt wurde.

Für die Indianer hatte diese seltsame, in dortigen Regionen aber vielfach wiederkehrende Formation durchaus nichts Ueberraschendes, weil sie nicht gewohnt waren, über irgend eine derartige, nach ihren Begriffen selbstverständliche Naturerscheinung nachzudenken, wie Weatherton und Falk wieder nichts Ungewöhnliches darin sahen, weil sie sich den Proceß, welchem diese Unregelmäßigkeit ihr Entstehen verdankte, genau zu erklären wußten.

Nur Rast, der ungefähr die Mitte zwischen den halbcivilisirten Delawaren und den beiden hochgebildeten Freunden hielt, erblickte hier mehr, als er zu begreifen im Stande war. Es offenbarte sich dieses schon allein in der Art und Weise, in welcher er sich darüber aussprach.

„'S ist originell," hob er kopfschüttelnd an, nachdem auch er durch die Spalte einen Blick in's Freie geworfen; „sollte man nicht glauben, die Indianer hätten diese Höhle ausschließlich für uns ausgemeißelt und wären hier von ihrer Arbeit verjagt worden? Bei Gott! wäre die Fuge um etwas breiter, ich glaube, wir gelangten auf diesem Wege unangefochten an's Tageslicht."

„Breit, sehr breit," versetzte der Biber, die Spalte sinnend betrachtend, „fürchte, beinah' zu breit —" Hier brach er kurz ab, und seinen Gefährten ein Zeichen gebend, forderte er sie auf, zu schweigen und zu lauschen.

Alle blickten gespannt auf den Delawaren, der, seine Augen halb schließend, alle seine Geisteskräfte gleichsam in seinem Gehör zusammengezogen hatte.

Niemand vernahm einen Laut; selbst der Schwarze Biber glaubte sich getäuscht zu haben, als plötzlich einige kleine Steine und Proben von verwitterten Felsen in der Spalte zu rasseln begannen und gleich darauf plätschernd und klappernd theils in das Wasser, theils auf das Floß niederfielen.

Der Biber brachte seine Augen vor den oberen Theil der Spalte, um zu sehen, ob das Geräusch von einem Nagethier herrühre, doch schneller noch fuhr er wieder zurück, theils durch das eigene Beispiel, theils durch dringend warnende Zeichen seine Gefährten auffordernd, das Floß schnell und geräuschlos aus dem nächsten Bereich der Spalte gleiten zu lassen.

Er hatte bemerkt, daß sich von Außen die nackten großen Zehen eines Mannes in die Spalte einklemmten, offenbar um einen Niedersteigenden vor dem Fallen zu bewahren.

Als er die Zehen, die er sogleich für die eines Indianers erkannte, zuerst entdeckte, befand sich die betreffende Persönlichkeit kaum noch acht Fuß von dem Wasserspiegel entfernt. Er konnte freilich nicht wissen, daß auf dieser letzten Strecke die aus dem Wasser aufsteigenden Felsen zu schroff seien, um einem Kletternden noch fernerhin einen Halt zu bieten. Jedenfalls erschien es ihm sehr möglich, daß derselbe auf den Gedanken verfallen könne, die Spalte genauer zu untersuchen. Befand sich dann aber auch nur eine Binse des Flosses in dem Gesichtskreise des Spähenden, dann durfte man sicher darauf rechnen, daß sie den indianischen Augen nicht entgehen und ihr Versteck sogleich verrathen sein würde.

Athemlos vor Spannung lauschten daher Alle auf die Bewegungen des Spähers, der, keine fünf Fuß weit von ihren Köpfen, auf dem äußersten Rande der Mauer sitzend, nur durch eine kaum zwei Fuß dicke Felsenlage von ihnen getrennt wurde.

Wiederum plätscherten Steine in's Wasser, dann aber war es still. Augenscheinlich hatte der Späher den äußersten Punkt erreicht, bis zu welchem er zu gelangen vermochte.

„Kannst Du nicht um die Ecke herumlugen?" fragte eine durch die Entfernung und die dazwischen liegenden Gesteinsmassen gedämpfte Stimme, welche Falk und die Delawaren sogleich für die Holmsten's, des Mörders, wiedererkannten.

„Nicht sehen um Ecke," antwortete La Bataille, der listige Schlangen-Indianer; „ich sehen aber andere Wand, weit unten; Menschen nicht da sein, sie gefallen in's Wasser, nicht mehr herauskommen, Alle todt, Ihr bezahlen armen La Bataille."

„Als wenn zwanzig Paar Augen nicht hätten bemerken müssen, wenn sie oder ihr Floß vorbeigetrieben wären!" rief Holmsten verächtlich und zugleich bebend vor Zorn aus; „nein, Schurke, nicht einen verdammten Kupfercent erhältst Du, wenn Du mir nicht die Beweise bringst, daß sie wirklich zur Hölle gefahren sind. Ich sage Dir, sie halten sich in diesem Winkel verborgen; sie haben sich festgefahren, und wärest Du kein so feiger Schurke, so würdest Du sie längst ausfindig gemacht haben und wissen, daß Du sie von jener Ecke aus Einen nach dem Andern erschießen kannst, ohne auch nur von ihnen gesehen zu werden!"

„Goddam!" antwortete der Indianer brutal, „wenn Ihr so gut wissen, warum Ihr nicht selber gehen und todt schießen? Ich guten Willen, ich thun, was ich kann, für eins, zwei, vier Pferde; ich aber nicht hinuntersteigen ohne Stricke."

„Stricke?" rief Holmsten zurück, „Stricke? wir haben ja unsere Pferdeleinen, sie werden lang und stark genug sein. Warte nur, bis die Uebrigen herankommen. Sie müssen gleich eintreffen, denn eine Stunde ist bereits verstrichen, seit das Floß hier vorbeitrieb, ohne auf der Landungsstelle erschienen zu sein, wie die Wachen ja deutlich genug signalisirten. Versehen und getäuscht können wir uns nicht haben," fügte er mit drohendem Ausdruck hinzu.

„Nicht versehen, nicht täuschen," entgegnete La Bataille schnell; „ich sehen Mohaves, schlechte Indianer, ich sehen Delawaren-Hunde, sehen Amerikaner und Delawaren, die todtschlagen braven Mormonen, sehen Amerikaner, das weglaufen Fort Utah, und sehen schlechten Wassermann mit langes Messer, er gut für Aufhängen an Baum!"

„Wofür Du verdammt sein sollst!" versetzte Rast grimmig knurrend, indem er mit der Faust nach der Decke hinaufdrohte.

Weatherton erschrak über die Bewegung des Bootsmannes, der in seiner blinden Wuth alle Vorsicht vergaß. Es gelang ihm indessen, ihn durch einen halb befehlenden, halb vorwurfsvollen Blick wieder zu beruhigen, und Alle lauschten weiter auf das, was draußen zunächst folgen würde.

Da rasselten wieder Sand und kleine Steine in's Wasser, ein Zeichen, daß La Bataille aufwärts kletterte.

„Wo willst Du hin?" fragte Holmsten nach einer Pause den Indianer.

„Ich nicht nützen hier," antwortete dieser mürrisch, „ich nicht ohne Strick kommen bis an Ecke. Wissen, wie hinunter kommen, aber nicht wissen, wie herauf kommen!"

„Feiger Hund, so warte nur wenige Minuten!" rief Holmsten zähneknirschend zurück; „Deine Genossen müssen gleich hier sein, und dann werfen wir Dir das eine Ende der zusammengeknüpften Leinen zu. Bleibe unten, rathe ich Dir!" wiederholte Holmsten drohend; „wie lange dauert es, ehe Du herauf kommst und dann wieder hinunter steigst? Es wäre unverantwortlicher Zeitverlust, und die Sonne wird uns nicht lange mehr leuchten."

„Ich auch nicht wieder hinunterklettern wollen," antwortete La Bataille trocken, indem er sich immer weiter nach oben hin entfernte.

„Mensch, Hund, reize mich nicht!" versetzte Holmsten mit einer Stimme, aus welcher die ganze Angst sprach, durch die Vernichtung der von ihm Verfolgten, die letzte Möglichkeit eines Verdachts gegen sich selbst, wegen Rynolds' Ermordung, zu beseitigen; „und wenn sie wirklich sich dort nur angeklammert hätten, um während der Nacht von den Fluthen fortgerissen zu werden, so muß ich Gewißheit darüber haben. Ich muß, sage ich Dir, ich muß, und sollte es mich zehn Pferde kosten!"

„Vier Pferde gewiß, besser, als zehn Pferde ungewiß," entgegnete der Schlangen-Indianer mit unerschütterlicher Ruhe; „ich nicht hinunterklettern, aber halten Leine, wenn schlauer Utah klettern," und indem er dies sagte, kicherte er hörbar vor sich hin.

„Er bleibt doch der Schlaueste und daher der Gefährlichste von ihnen," bemerkte der Schwarze Biber, als La Bataille so weit hinaufgeklettert war, daß seine Unterhaltung mit Holmsten nur noch unverständlich zu ihnen in die Höhle drang; „er traut ihm nicht und fürchtet, der Mormone, nachdem er die nöthigen Mittheilungen von ihm erlangt, würde, um seine zehn Pferde zu retten, vielleicht die Leine unversehens durchschneiden."

„Womit dem rothhäutigen Schurken sehr gedient wäre," fügte Raft grollend hinzu.

„Habe selbst eine rothe Haut," versetzte der Delaware, dem Bootsmann einen verschmitzten Seitenblick zusendend, denn er fühlte sich verletzt durch die wegwerfende Art, in welcher derselbe das Wort „rothhäutig" aussprach.

„Nichts für ungut, Landsmann," entschuldigte sich Rast, der um Alles in der Welt nicht den treuen Gefährten hätte beleidigen mögen; „nimm 'ne gute Fregatte, ich meine 'ne`Fregatte Nr. 1 A, scharfen Kiel, steife Wanten, Masten und Takelage von unserm lieben Herrgott selbst eingesetzt und angefertigt, gieb ihr 'nen rothen, gelben, schwarzen oder weißen Gürtel, und nicht 'n Tropfen Whiskey soll meine Zunge mehr befeuchten, wenn das Fahrzeug durch die Farbe ein anderes geworden ist; ja, 's ist originell, 's giebt aber auch weiße und rothe Schurken, oder ich will verdammt sein."

Weatherton und Falk hatten die Unterhaltung zwischen Rast und dem Delawaren mit freundlicher Theilnahme angehört und sie nicht in der Aeußerung ihrer Gefühle unterbrechen wollen. Die Mohaves saßen zusammengekauert auf dem Floß und richteten, leise und harmlos plaudernd, die etwas verbogenen Schäfte ihrer Pfeile wieder gerade, nur John hatte sein Ohr der Felsspalte genähert, um auf diese Art über das weitere Verfahren ihrer Feinde zu wachen. Als Rast die Ehrenerklärung, welche er dem Schwarzen Biber gab, eben beendigt hatte, hob John, Schweigen gebietend, seine rechte Hand empor.

Augenblicklich trat in der Höhle Stille ein, und behutsam näherten sich Alle wieder der Spalte.

Offenbar waren die von dem Südende des Felsenthors her erwarteten Mitglieder der Bande eingetroffen, denn sie unterschieden eine größere Anzahl von Stimmen, welche indessen nur selten laut genug erhoben wurden, um die gewechselten Worte in der Höhle verstehen zu können.

Sie glaubten indessen zu errathen, daß außer einem Mormonen noch vier oder fünf Utahs angelangt seien. Deutlicher vernahmen sie die Versicherung, daß es von dem südlichen Ende der Felswand aus, der furchtbaren Strömung wegen, unmöglich sei, einen Blick in den Felsenwinkel zu erhaschen, die Flüchtlinge aber sich unbedingt in demselben verborgen haben müßten.

„Mögen sie nun sein, wo sie wollen," rief die hinzugekommene englisch sprechende Stimme aus, „so viel steht fest, lebendig verlassen sie die Stelle nicht, auf welcher sie ihre Zuflucht gefunden, und wenn sie dieselbe verlassen, so geschieht es nur, um über den Wasserfall gestürzt zu werden; denn Menschenkräfte reichen nicht aus, von dort aus eine derartige Strömung zu bekämpfen!"

„Wir müssen unseren Behörden aber zuverlässige Nachricht mitbringen!" erschallte Holmsten's Stimme laut, aber doch mit einer erzwungenen Mäßigung; „bedenkt, der Spion, wenn er entkäme; welche Mittel besäße er, unserer heiligen Gemeinde zu schaden. Mögen die irregeleiteten Mohaves hingehen, wohin sie wollen, der Amerikaner, dessen Urtheil schon längst gefällt wurde, und die Mörder des armen Rynolds —"

Was er weiter sprach, ging den in der Höhle Verborgenen verloren, indem seine Stimme zu einem unwilligen Murmeln herabsank.

Aus dem nun folgenden Geräusch ging hervor, daß man Anstalten traf, einen Utah durch Leinen beim Hinunterklettern zu unterstützen, und ihm, nachdem er bis an die Ecke der Felswand vorgedrungen und um dieselbe herum und in den Winkel hineingespäht haben würde, die Rückkehr zu ermöglichen.

Anfangs schien man die Absicht zu hegen, die Leinen durch Utahs halten zu lassen; auf La Bataille's Vorstellungen kam man aber überein, der Sicherheit wegen das obere Ende fest um einen Felsblock zu schnüren, wodurch einem möglichen Entschlüpfen derselben vorgebeugt wurde.

„Wird sie auch lang genug sein? fragte Holmsten nach einer

längeren Pause, während welcher die verschiedenen Leinen in eine zusammengeknüpft worden waren.

„Vier Lassos sollten nicht lang genug sein?" fragte der andere Mormone; „viermal dreißig macht hundertundzwanzig Fuß, aber prüfen wir;" und kaum hatte er dies gesagt, so fiel das zusammengerollte untere Ende der Leine gerade vor der Spalte plätschernd in den Strom.

„Reichlich lang genug," fuhr dieselbe Stimme mit zuversichtlichem Tone fort, „er wird noch einige Schritte um die Ecke herumgehen können."

Dann wurde es wieder still; aber aus den Bewegungen der theilweise über der Spalte ruhenden Leine vermochten die in der Höhle Befindlichen zu errathen, daß Einer der oben Befindlichen im Begriff stand, sich in den Fluß hinab zu begeben.

Während dieses draußen vor sich ging, und Weatherton, Falk und Raft nicht ohne Besorgniß lauschten, hatte eine leise Berathung zwischen den beiden Delawaren und dem Mohave-Häuptling stattgefunden. In Folge derselben lösten sie einen der um die Ankersteine befestigten Stricke, und nachdem sie denselben Kairnl unter den Armen durchgezogen, setzte dieser sich so auf den Vordertheil des Binsenfloßes nieder, daß seine Beine lang in's Wasser niederhingen und er den glatten, abschüssigen Boden mit seinen Füßen berührte.

Nach diesen Vorbereitungen trat wieder Todtenstille ein. Die drei Weißen, welche sich das Verfahren ihrer indianischen Gefährten nicht zu erklären vermochten, jedoch einsahen, daß es sich um etwas äußerst Wichtiges handle, wagten vor Spannung kaum zu athmen, während eine drohende Ruhe und Entschlossenheit in den ernsten Blicken der Delawaren sich kundgab, die Physiognomien der Mohaves dagegen die letzte Probe der sie sonst charakterisirenden Gutmüthigkeit verloren und in wilder Freude leuchteten.

B. Möllhausen, Das Mormonenmädchen. VI. 5

Endlich rasselten die ersten Steinchen in's Wasser nieder, und der obere Theil der Spalte begann sich zu verdunkeln.

Weatherton und Fall schauten bei dem Geräusch, wie von bösen Ahnungen ergriffen, zu dem Schatten empor; die Indianer und Rast aber verharrten so unbeweglich, als ob auch sie aus Felsen bestanden hätten, nur daß Kairuk noch etwas tiefer in's Wasser hinabglitt.

Der Utah mußte auf dem Punkt angelangt sein, auf welchem La Bataille kurz vorher umgekehrt war, denn er hielt einige Augenblicke inne, um eine kurze Unterhaltung mit dem oben befindlichen Schlangen-Indianer zu führen.

Was sie sprachen, verstanden nur die Mohaves, denn sie wechselten kurze Blicke des Einvernehmens mit einander. Jedenfalls aber war die Unterhaltung ergötzlicher Art, denn unten wie oben wurde gelacht, und nach einigen häßlichen, kaum menschlichen Kehllauten setzte der Utah seinen Weg wieder fort.

Langsam und vorsichtig glitt er vor der Spalte niederwärts, mit den Händen sich an der Leine haltend, mit den nackten Zehen sich in der Spalte selbst stützend.

Die in der Höhle Befindlichen konnten an dem Schatten seine Stellung genau berechnen, und wären sie dicht an die Spalte herangetreten, so hätten sie seinen Athem fühlen müssen.

Plötzlich stieß er einen halb lachenden, halb gellenden Schrei aus, der von oben mit dem lauten Jubel seiner Stammesgenossen beantwortet wurde.

Er hatte mit den Füßen das Wasser berührt, und preßte die Kälte desselben ihm diese eigenthümlichen Töne aus, wofür man ihn dann verhöhnte.

Langsam, aber immer noch scherzhaft wimmernd, glitt er tiefer und tiefer in die Fluthen hinab, und als er dann endlich festen Boden gewann, da reichte ihm das Wasser bis unter die Arme.

Von oben konnte er, des auf den letzten zehn Fuß schroff abfallenden Abhanges wegen, nicht mehr gesehen werden, dafür aber hielt er eine um so lebhaftere Unterhaltung mit La Bataille aufrecht, der dann seine Worte immer sogleich wieder an die Mormonen verdolmetschte.

Kairuk saß noch immer da wie eine Bildsäule, aufmerksam betrachtend die kleinen Wellen, welche, erzeugt durch die Bewegungen des draußen stehenden Utahs, unter der das Wasser berührenden Steinschicht hindurch leise plätschernd in die Höhle hineinrollten.

Plötzlich brach der Utah mitten in einem Satz, welchen er nach der Höhe hinaufrief, ab. Bei dem Versuch, sich an der Userwand zu stützen, hatte seine Hand den verborgenen Felsrand berührt, und verwundert über diese unerwartete Unregelmäßigkeit, tastete er immer weiter, vielleicht nur um einen sichern Halt zu gewinnen, bis er endlich auf der Innenseite der Höhle die Hand wieder aus dem Wasser hervorreckte.

Der Mohave-Häuptling sah es, seine Augen funkelten, und weder Befriedigung noch Aerger erfüllten ihn, als die Hand, nachdem sie kaum erschienen war, blitzschnell wieder zurückfuhr. Seine Füße aber suchten tastend nach einem geeigneten Haltepunkt auf dem schlüpfrigen Boden, während er die unter seinen Armen durchlaufenden Stricke etwas löste.

Der Utah hatte noch immer keinen Laut von sich gegeben. Offenbar ging er mit sich zu Rathe, ob die gemachte Entdeckung wichtig genug sei, deshalb unterzutauchen und weitere Nachforschungen anzustellen, oder ob er sie ganz unbeachtet lassen solle.

Da fiel ihm die Felsspalte wieder in die Augen, und mechanisch trat er heran, um in dieselbe hineinzuschauen. Er bemerkte, daß dieselbe tief in das Gestein hineinreichte und einen hohlen Raum erhellte; er bemerkte, daß ein brauner Körper auf der andern Seite der Spalte niederwärts schoß; er prallte zurück; der Schreckensruf aber, der ihm auf den Lippen schwebte, der erstarb in den Fluthen des Colorado.

Kairuk, gehalten von den beiden Delawaren, hatte ihn bei den Füßen ergriffen und zog ihn nach sich in die Höhle hinein. Die ganze Handlung, welche die Indianer zu ihrer und ihrer weißen Gefährten Sicherheit als unerläßlich betrachteten, war mit solcher Schnelligkeit vor sich gegangen, daß Letztere noch immer nicht begriffen, was eigentlich bezweckt werde. Erst als Kairuk mit der Gewandtheit einer Otter untertauchte, gleich darauf aber wieder mit dem Kopf über der Oberfläche des Wassers erschien und nach einigen heftigen Bewegungen, welche sie der trüben Fluthen wegen nicht genau verfolgen konnten, zusammengekrümmt im Wasser sitzen blieb und, nach dem Ausdruck seines Gesichts zu schließen, etwas mit Aufbietung seiner ganzen Kraft niederhielt, ahnten sie die grauenvolle Wahrheit.

„Biber, was geht vor?!" fragten Weatherton und Fall fast gleichzeitig, von Entsetzen ergriffen, als sie in der Nähe Kairuk's ein eigenthümliches Aufwallen und Blasenwerfen der gelben Fluth entdeckten.

„Nichts geht vor," antwortete der Delaware ruhig, indem er den Strick, auf welchen Kairuk sich stützte, etwas fester anzog; „aber es wird vorgehen, daß Ihr uns Alle mit einander an die Mormonen und Utah-Hunde verrathet, wenn Ihr fortfahrt, Eure Stimme so laut erschallen zu lassen."

„Aber um Gottes willen! Kairuk, Kairuk!" wendeten sie sich jetzt erbleichend an den Mohave-Häuptling.

Dieser schaute zu ihnen empor und zeigte sein leidenschaftlich erregtes Gesicht, auf welchem ein wildes Lächeln der Befriedigung zum Durchbruch gekommen war.

„Achotka, Achotka," sagte er mit tiefem Gurgelton, ohne das, was er unter dem Wasser mit eisernem Griff niederdrückte, fahren zu lassen.

„Bei Gott! ich glaube, er erſäuft den Burſchen wie 'nen jungen Hund," bemerkte Raſt, der jetzt erſt zu errathen ſchien, was den Häuptling dazu bewog, ſo lange im Waſſer zu ſitzen; „ſchade, daß er nicht auch noch den andern ſchurkiſchen Indianer ſammt deſſen Mormonenfreunden unter den Fingern hat."

„Nein, nein," verſetzte der Biber in belehrendem Tone, „er erſäuft ihn nicht, ſondern er hat ihn ſchon erſäuft; müßte ein Leben beſitzen wie eine Schildkröte, könnte er ſo lange unter Waſſer aushalten, ohne zu erſticken. Ging nicht anders," fügte er entſchuldigend hinzu, indem er ſich Falk und Weatherton zuwendete; „ein Schrei, und wir wären verloren geweſen. Uebrigens ein ſchlauer und muthiger Krieger, dieſer Mohave; hätte ſeine Sache gar nicht beſſer machen können."

In dieſem Augenblicke richtete Kairuk ſich wieder empor, und ſich auf den Rand des Floſſes ſetzend, zog er einen erſchlafften braunen Arm nach ſich, aus deſſen krampfhaft geſchloſſener Fauſt er die Leine löſte, welche er dem Schwarzen Biber darreichte. Mit den Füßen ſchob er die Leiche des Utah in den Fluß hinaus, und dann emporſpringend und ſich ſchüttelnd, ſchilderte er leiſe und mit triumphirender Miene ſeinen Kriegern die näheren Umſtände der von ihm ausgeführten That.

Alle lachten geräuſchlos, aber herzlich, als wenn es dem harmloſeſten Spiel gegolten hätte, während Weatherton und Falk ſich noch immer nicht über das eben Erlebte zu faſſen vermochten, und ſogar Raſt, ſprachlos vor Erſtaunen über die geſchäftsmäßige Kaltblütigkeit der Indianer, bald die Mohaves, bald die Delawaren, bald die beiden weißen Freunde anſtarrte.

„Wer hätte ihnen ſo viel Grauſamkeit zugetraut," flüſterte Weatherton, noch immer heftig erregt, dem Maler zu.

„Und doch iſt es kaum grauſamer, als wenn civiliſirte Nationen zum Frommen Einzelner mittelſt ihrer Shrapnellſchüſſe gleich Hunderte von Leben niedermähen," antwortete Falk überlegend; „ich für mein Theil schaudere wohl vor der in unserer Gegenwart verübten That selbst zurück, kann aber doch nicht umhin, die Menschen dort oben, welche uns nach dem Leben trachten, für noch viel grausamer zu halten."

„Es ist wahr," entgegnete Weatherton sinnend, „was Grausamkeiten anbetrifft, so können gerade diese Urwilden oft von civilisirten Nationen lernen. Sie morden nicht, um zu morden, wie der Tiger, und das können die Vollstrecker grausamer Handlungen unter den civilisirten Völkern der Erde nicht immer von sich behaupten. Wir brauchen nur einzelne Blätter der allerneuesten Geschichte umzuschlagen, um auf jeder Seite diesen Ausspruch zur Schande der Menschheit mehr als bewahrheitet zu finden."

Der von der Anhöhe niederschallende Ruf nach dem getödteten Utah wurde jetzt lauter und bringender wiederholt und veranlaßte die Freunde, ihre Aufmerksamkeit wieder der eigenen Lage zuzuwenden.

Ihre indianischen Gefährten schienen indeß dadurch nicht weiter beunruhigt zu werden; im Gegentheil, bei jedem erneuten Ruf lachten und plauderten sie mit verschmitztem, schabenfrohem Ausdruck und einer solchen unverkennbaren sorglosen Zufriedenheit, als wenn Hunderte von Meilen zwischen ihnen und ihren Verfolgern gelegen hätten.

Nur der Schwarze Biber betheiligte sich nicht an der Unterhaltung. Er war ämsig damit beschäftigt, die Leine, an welcher von oben aus heftig gezupft und gerissen wurde, fest um einen vorspringenden Felsblock zu schnüren.

„Werden sie nicht kommen und ihre Lassos zu lösen suchen?" fragte Weatherton, nachdem er den Delawaren und sein Treiben eine Weile beobachtet; „ich glaube, Lassos sind unter den Utahs zu kostbare Gegenstände, als daß sie dieselben so leicht aufgeben möchten."

„Heute kommen sie nicht mehr," antwortete der Biber entschieden; „es beginnt zu dämmern, und ehe sie die Ueberzeugung gewonnen haben, daß der Utah von der Strömung mit fortgerissen wurde, wird es dunkle Nacht sein. Löse ich den Strick, so ziehen sie ihn hinauf, bleibt er straff, so werden sie sich hüten, ihn oben zu lösen. Uebrigens lieben auch die Utahs ihr Leben, und so leicht wird sich gewiß keiner da hinunter wagen, wo einer ihrer Genossen auf so unerklärliche Weise verschwand, aus Furcht, dessen Schicksal zu theilen."

Das Rufen war unterdessen immer lauter und bringender geworden, und die Bewegung der straff gespannten Leine verrieth sogar, daß Einer an dem Abhange hinunter kletterte, aber wieder umkehrte, sobald er seine Mühe, den Lasso nach sich zu ziehen, für eine vergebliche erkannte. —

Die oben auf dem Felsenwall Versammelten gaben sich endlich keiner Täuschung mehr über das Loos des Verschwundenen hin. Sie nahmen an, daß er in die Strudel gerathen und von denselben fortgerissen worden sei, und fügten sich nothgedrungen darein, die Forschungen nach den Flüchtlingen erst am folgenden Morgen mit ausreichenden Mitteln wieder fortzusetzen.

Es folgte darauf eine kurze Berathung, welche den in der Höhle Befindlichen unverständlich blieb, die aber damit schloß, daß Holmsten dem Schlangen-Indianer befahl, mit drei Utahs die Nacht daselbst zuzubringen, wozu er noch die Bemerkung fügte, bald nach Tagesanbruch wieder bei ihm sein zu wollen. Obgleich er nicht befürchtete, daß diejenigen, welche er mit so viel Haß verfolgte, und die er mit vollster Strömung hatte vorbeitreiben sehen, ihren Weg wieder so weit aufwärts finden würden, so empfahl er den Zurückbleibenden doch die größte Wachsamkeit, worauf er mit seinen Genossen eine Strecke an dem Abhange hinaufkletterte und sich dann auf einem gesimseähnlich, westlich um das Plateau herumführenden Vorsprunge nach dem südlichen Ende des Felsenthors hinbegab. —

Er hatte also den Indianern die größte Wachsamkeit zur Pflicht gemacht. Sie dagegen lachten über seine Besorgniß, indem nach ihrer Ueberzeugung ein Mensch, der einmal bis in den bekannten Felsenwinkel vorgedrungen sei, denselben nicht verlassen könne, ohne dem sichern Verderben anheimzufallen.

Holmsten war überhaupt der Einzige, welcher den sichern Untergang der Flüchtlinge noch bezweifelte; er würde daran gezweifelt haben, und hätten alle seine Gefährten sich ihm mit den festesten Behauptungen gegenübergestellt. — Nur dann wäre er von der Furcht einer Entdeckung seines Verbrechens befreit und vorläufig beruhigt gewesen, wenn er diejenigen, die gegen ihn zeugen konnten, als stumme Leichen vor sich gesehen hätte. Daß aber die außergewöhnliche Aengstlichkeit, mit welcher er immer wieder auf die Verfolgung und augenblickliche Bestrafung von Rynolds' vorgeblichen Mördern drang, selbst bei seinen Glaubensgenossen zuletzt Verdacht erwecken müsse, das bedachte er in seiner fieberhaften Aufregung nicht. —

Eine Stunde war nach Holmsten's Entfernung verstrichen. Auf dem zerrissenen Hochland ruhte eine so tiefe Dunkelheit, wie es unter einem hellgestirnten Himmel nur möglich; das heißt, die oberen Luftschichten waren transparent, während Alles nahe dem zerklüfteten Erdboden, die nackten starren Erhebungen, wie die Schluchten und sogar der unheimlich rauschende Wüstenstrom, in einen einzigen ununterbrochenen schwarzen Schatten zusammenfielen.

War es nun draußen unter den schroff emporstrebenden Felswänden schon dunkel, so herrschte in der Höhle eine undurchdringliche Finsterniß.

Die schwere Arbeit des Tages hatte die augenblicklichen Bewohner derselben ermüdet und erschöpft. Die Zeit der Rast war ihnen daher willkommen, und in der That hätten sie sich nicht angemessener und verständiger auf die kommenden Ereignisse vorbereiten können, als indem sie sich rücksichtslos der so nothwendigen Ruhe hingaben. Die Flöße boten ihnen hinlänglich Raum, sich gemächlich auszustrecken, und wenn Weatherton und Fall unter dem Einfluß der Erinnerung an die jüngsten Erlebnisse nicht, wie ihre übrigen Gefährten, die Augen zum kräftigenden Schlummer schlossen, so ließen sie doch wenigstens ihre Glieder ruhen, mochte ihr Geist auch noch so weit umherwandern oder noch so lebhaft mit ihrer gegenwärtigen Lage beschäftigt sein.

Nichts störte sie in ihren Betrachtungen, nichts in der schwarzen Finsterniß fesselte ihre Aufmerksamkeit, oder gab ihren Gedanken eine andere Richtung. Die Laute aber, welche zu ihnen drangen, waren wieder mehr dazu geschaffen, ihre aufgeregten Gemüther zu beruhigen, als störend und beängstigend auf sie einzuwirken.

Die Athemzüge der schlafenden Indianer folgten ja so regelmäßig auf einander, das laute, jetzt nicht mehr gefährliche Schnarchen des getreuen Rast klang so sorgenfrei, und dazu gurgelten die Fluthen so ämsig und auch doch wieder so bedächtig unter dem Felsenrande durch, während aus der Ferne das eintönige dumpfe Brausen des Wasserfalls, wie das hohle Gebrüll eines fabelhaften Ungeheuers, zu ihnen herüberschallte, und in dem Felsenwinkel die Strömung mit scharfem Getöse heftig gegen den unerschütterlichen Wall brandete.

Im Gegensatz zu dieser einschläfernden Musik, gleichsam wie ein Mißton in deren Chor, ließ sich von Zeit zu Zeit ein häßliches Lachen von der Höhe des angränzenden Abhanges her vernehmen. Die drei Utahs und der Schlangen-Indianer lachten dort oben laut und aus vollem Herzen; La Bataille, weil er schlau genug gewesen, einen Andern statt seiner in die Tiefe hinabzusenden, ehe er selbst sich in eine unbekannte Gefahr begab; die Anderen, weil ihr verschwundener Gefährte sich thörichter Weise zu einem Unternehmen hatte verleiten lassen, welches ihm das Leben kostete. Sie lachten und wechselten scherzhafte Bemerkungen. Auch über Holmsten lachten sie, weil er ihnen angerathen, scharfe Wache zu halten.

Sie lachten ferner, daß es ihnen so leicht gemacht wurde, den ausbedungenen Lohn zu verdienen; denn nicht an dem einzigen Punkt, an welchem auf eine meilenlange Strecke ein Ersteigen der schroffen Uferwand möglich und wo die zusammengeknüpften Lassos um den Felsblock geschlungen waren, beabsichtigten sie zu übernachten, sondern etwas höher hinauf und etwas mehr seitwärts, wo sie auf einer Abflachung ihre Glieder bequem ausstrecken konnten.

Sie hatten sogar ein kleines Feuer angezündet, freilich nur sehr klein, weil sie weiter nichts zum Nähren desselben besaßen, als das Holz von den skeletartigen Ueberresten vertrockneter Cacteen, die zwischen dem nahrungslosen Gestein nur bis zu einer gewissen Höhe gediehen und dann wieder abgestorben waren; doch immer groß genug, die nächtliche Kühle von ihren unbekleideten Gliedern abzuhalten und einige große, fettschwänzige Eidechsen auf den Kohlen zu rösten.

Sie waren dabei sorglos und guter Dinge, aber Niemand mehr, als La Bataille, der sich mit seinem farbigen kattunenen Hembe und der warmen Decke seinen ärmeren Gefährten gegenüber brüstete. Dabei setzte er ihnen auseinander, welchen Segen es für sie sei, wenn sie zu vieren der Flüchtlinge habhaft würden und sich in deren Kleider und Waffen theilten, die vielleicht noch besser als die gezogenen Büchsen wären, welche sie neben sich hingelegt hatten. Und dann lachten sie so laut und widerwärtig, daß es grausig durch die Nacht schallte, und Weatherton und Fall aus dem Klange desselben ihre feindseligen Absichten herauszuhören meinten. Je sorgloser und geräuschvoller nun die Indianer auf der Höhe mit einander verkehrten, um so stiller war es unten in der Höhle. Selbst als der Schwarze Biber seine Gesellschaft ermunterte und zur Eile mahnte, blieb es so still, daß der schlaueste Späher auf der Außenseite hätte vorbeischleichen können, ohne zu ahnen, daß dicht an seiner Seite in dem massiven Gestein lebende Wesen, und noch dazu bewaffnete Männer, verborgen seien.

4.
An die Oberwelt.

Es mochte ungefähr zwei Stunden dunkel gewesen sein, da theilten sich plötzlich gerade an der Stelle, wo die straff gespannte Leine von der Höhe in's Wasser niederreichte, die Fluthen auseinander, und über denselben erschienen, schwärzer noch, als die sie umgebende Dunkelheit, Kopf, Schultern und Brust Kairuk's, des Mohave-Häuptlings. Einen Augenblick blieb er lauschend stehen, als ob er besorgt habe, entdeckt zu werden; dann aber preßte er das Wasser aus seinen Haaren, und vorsichtig begann er den Weg zu betasten, welchen er einzuschlagen gedachte.

Er war noch mit dieser Arbeit beschäftigt, da tauchte ein zweiter Kopf neben ihm empor, der ihm indessen nur bis an die Schultern reichte, mithin bis unter die Arme im Wasser stand.

„Stark, viel stark, sehr achotka," flüsterte der Mohave, indem er zuerst leise, dann mit wachsender Gewalt, und zuletzt mit seiner ganzen Körperlast an dem nunmehr in der Höhle gelösten Lasso zog.

„Geflochtenes, ungegerbtes Wildleder," antwortete der Schwarze Biber kaltblütig, wie zu sich selbst sprechend, denn es war ja zu dunkel und auch nicht von Wichtigkeit, sich dem Mohave durch Zeichen über geringfügige Dinge verständlich zu machen; „stark genug, um uns Alle auf einmal zu tragen," fuhr er fort, worauf er noch einige Worte durch die Spalte in die Höhle hineinflüsterte, und sich dann anschickte, den ersten senkrechten Abhang bis dahin, wo er festen Fuß zu fassen vermochte, zu ersteigen.

Mit Hülfe des Mohaves gelangte er leicht hinauf, und indem er etwas zur Seite trat, schaffte er so viel Raum, daß noch mehrere Personen neben ihm auf dem schmalen Felsenrande Platz fanden.

Der Häuptling war so lange keinen Zollbreit von seiner zuerst eingenommenen Stelle gewichen; sobald er aber den Delawaren oben sah, neigte er sich der Spalte zu, einen kurzen Laut in dieselbe hineinsendend.

Alsbald ließ sich ein reibendes Geräusch in derselben vernehmen, und im nächsten Augenblick streckte er seine Hand aus, um zuerst des Schwarzen Bibers Büchse und demnächst seine eigenen Waffen in Empfang zu nehmen.

Nachdem er dem Delawaren Beides hinaufgereicht, gab er wieder ein Zeichen hinein, ein kurzes Plätschern folgte, und gleich darauf tauchte neben ihm der lange Bootsmann empor.

Derselbe hatte es verschmäht, sich zu entkleiden; es schien ihm diese Vorsicht zu tief unter der Würde eines Seemannes zu stehen. Er war aber nicht nur vollständig bekleidet, sondern in dem Lederriemen, der sein Zeug nothdürftig über den Hüften zusammenhielt, steckte auch sein unzertrennlicher Freund, der blank geschliffene Cutlaß.

Nur wenige Secunden gebrauchte er, um das Wasser aus seinen Augen zu reiben und sich von der Lage der Leine zu überzeugen. Schnell fuhr er dann mit der Hand so tief in die Spalte hinein, als er mit seiner knochigen Faust nur kommen konnte, und vorsichtig zog er seinen Revolver und sein an denselben geknüpftes seidenes Halstuch hervor. Mit raschem Griff befestigte er die Waffe, um sie gegen Feuchtigkeit zu schützen, an seinem Halse, und dann nahm er in derselben Weise den ihm dargereichten zerknitterten Theerhut in Empfang. Nachdem er denselben etwas gerade gebogen und auf sein Haupt gestülpt, ergriff er die Leine, und ohne auf Kairul's Hülfe zu warten, zog er sich, nur seine Arme gebrauchend, mit einer solchen Leichtigkeit zu dem Delawaren hinauf, daß dieser, der sich noch nie an Bord eines Seeschiffes befunden hatte und daher die auf denselben herrschenden Gebräuche nicht kannte, auf's höchste darüber erstaunte.

Letzterer hatte sich nämlich nur schwer dazu entschlossen, den Bootsmann mit auf seine gefährliche Expedition zu nehmen, indem er sich von dessen geräuschvollem Wesen da, wo es indianische Ohren zu täuschen galt, nicht viel Gutes versprach. Derselbe bestand indessen so eigensinnig auf seiner Absicht: dem verrätherischen Schlangen-Indianer den Schädel zu spalten, daß weder Falk's Bitten, noch Weatherton's Befehle etwas über ihn vermochten. Er schwor hoch und theuer, daß sie sich nicht an Bord eines Kriegsschiffes befänden, wo er sich in die Disciplin zu fügen habe, und daß er lieber für seine Insubordination gehangen sein, als beim Entern zurückbleiben wolle.

Nachdem man ihm eingeschärft hatte, daß das leiseste Geräusch ihrer Aller Verderben herbeiführen würde, ließ man ihm endlich seinen Willen, und er bekundete seine Vorsicht und Ueberlegung, zu des Schwarzen Bibers Beruhigung, von vorn herein schon dadurch, daß er die Schuhe von seinen Füßen streifte, um nicht härter als eine Katze aufzutreten.

Der Delaware wartete nur noch so lange, bis sich John, Kairul und noch ein zweiter Mohave zu ihm gesellt hatten, worauf er sich an der Leine behutsam aufwärts zu bewegen begann.

Gleich hinter ihm kam Rast, an diesen schlossen sich die Mohaves an, und ganz zuletzt endlich folgte John, der, weniger ehrgeizig, als der Bootsmann, der ruhigen Ueberzeugung lebte, daß es überall etwas für ihn zu thun geben würde.

Langsam schlich der geheimnißvolle Zug an dem steilen Abhang hin. Es war vielleicht ein Glück, daß La Bataille und einzelne Utahs daselbst hinunter- und hinaufgeklettert waren und bei dieser Gelegenheit die losen Steine aus dem Pfade, theils absichtlich, theils unabsichtlich entfernt, hatten. Es würde ihnen sonst wohl nicht so leicht geworden sein, unentdeckt die Stelle zu erreichen, wo die Leine um den Felsblock geschlungen war, und wo der Boden, weniger abschüssig, freiere Bewegungen gestattete.

Sie befanden sich dort nur noch gegen dreißig Schritte weit von den Utahs entfernt. Sie hätten dieselben, indem das Feuer die zusammengekauerten Gestalten mehr oder minder beleuchtete, ganz bequem erschießen können; da sie aber befürchten mußten, daß ein entkommener Utah, oder auch nur der Knall eines Gewehrs die ganze Bande ihrer Verfolger auf ihre Fährte bringen würde, so entwarfen sie auch demgemäß ihren ganzen Angriffsplan.

Die Utahs dachten augenscheinlich an nichts weniger, als an die Nähe oder auch nur die Möglichkeit einer Gefahr, denn sie lachten und plauderten noch immer in ihrer widerwärtigen Weise; wobei sie dichter um ihr Feuerchen zusammenkrochen. Legten sie sich aber wirklich zum Schlaf nieder, und spähten sie vorher noch einmal in der nächsten Umgebung des Feuers umher, so war doch nicht anzunehmen, daß sie ihre Forschungen bis dahin ausdehnen würden, wo ihre Feinde verborgen waren. Diese hatten sich nämlich von einander getrennt und so hinter verschiedenen Felsblöcken versteckt, daß sie die Bewegungen der Utahs genau überwachen konnten, deren Blicke dagegen, selbst wenn sie näher herantraten, achtlos über sie hingleiten mußten.

Nur John, der sich nach dem Bade, gleich dem Schwarzen Biber, noch nicht wieder bekleidet hatte, war heimlich und geräuschlos davongeschlichen und gleich nach ihrer Ankunft auf der Höhe in der Dunkelheit verschwunden.

Wohin er seine Schritte lenkte, wußte nur der Biber; daß aber nach einem wohlüberlegten Plan gehandelt wurde, erhellte daraus, daß Letzterer, nach dessen Bewegung die Mohaves und Rast ihr eigenes Verfahren abmessen sollten, regungslos hinter seinem Stein auf weitere Zeichen von John harrte.

Eine Viertelstunde verrann; bei den Utahs hatte sich noch nichts geändert, und auch die vier lauernden Männer befanden sich noch immer auf ihrer alten Stelle. Rast, den Cutlaß in der rechten Faust und den ihm verhaßten Schlangen=Indianer im Auge, begann schon ungeduldig zu werden, und nur das Versprechen, welches er Weatherton und dem Schwarzen Biber gegeben, hielt ihn ab, sich mit der blanken Waffe auf die Feinde zu stürzen und im Handgemenge mit diesen sich der durch seine nassen Kleider erzeugten Kälte zu erwehren.

Da rollte ein Stein von oben herab zwischen die plaudern= den Utahs.

Sie sprangen empor und griffen nach ihren Waffen, aber eben so schnell kauerten sie sich wieder um ihr Feuer, als sie das gurgelnde Lachen eines andern Utahs vernahmen, der sich in der Richtung von dem andern Lager her näherte.

Raft fluchte innerlich und verwünschte die Langsamkeit und übermäßige Vorsicht des Schwarzen Bibers, der mit seinem Angriff so lange gezögert hatte, bis die vor ihnen sitzenden Utahs durch einen oder mehrere Gefährten verstärkt worden waren. Zähneknirschend blickte er zu dem nur zwei Schritte von ihm entfernten Delawaren hinüber; derselbe lag noch immer auf seiner alten Stelle und verhielt sich so ruhig, daß nur der ihn von dem schwarzen Gestein zu unterscheiden vermochte, der seine Stellung genau kannte.

Die Utahs hatten unterdessen im wilden Durcheinander an den vermeintlichen, noch immer nicht sichtbaren Stammesgenossen Fragen gerichtet, jedoch von diesem keine andere Antwort erhalten, als daß er sein häßliches Lachen wiederholte und lärmend zwischen den klappernden Steinen niederstieg.

Ihre Aufmerksamkeit wurde dadurch ausschließlich auf ihn hingelenkt, und wenn sie schon vorher sich in geräuschvoller Weise unterhalten hatten, so brachen sie jetzt in ein so anhaltendes lebhaftes Geschnatter aus, daß ihre Stimmen gar nicht mehr von einander zu unterscheiden waren.

Diesen Zeitpunkt nun hatte der Schwarze Biber erwartet; denn kaum bemerkte er, daß alle Blicke abwärts gerichtet waren, so erhob er sich leise, und wie der Blitz flog seine Büchse in die linke Hand, während seine rechte sich mit dem Tomahawk bewaffnete.

Eben so schnell, wie er selbst, hatten sich aber auch Raft und die beiden Mohaves kampfbereit gemacht, und wie Tigerkatzen standen sie zum Sprunge bereit, auf das Signal zum Angriff harrend.

Endlich fiel ein schwacher Schein des Feuers auf eine braune nackte Gestalt, die kaum noch zehn Schritte weit von den Utahs

stehen blieb und dann wieder, in das eigenthümliche Lachen aus=
brechend, um unerkannt zu bleiben, sich auf die Erde niedersetzte.
Die Utahs, in der Meinung, ihr Genosse treibe Scherz mit
ihnen, überschütteten den Ankommenden mit einem ganzen Schwall
von Schmähungen, und Niemand lauter als La Bataille, der
zu den indianischen, wenig schmeichelhaften Bezeichnungen auch
noch alle die Flüche und rohen Ausdrücke fügte, welche er in
seinem Verkehr mit der niedrigsten Klasse civilisirter Nationen
sich angeeignet hatte.

Der Schwarze Biber schwang jetzt das Kriegsbeil um's Haupt;
seine Gefährten aber gewahrten nicht so bald das verabredete Zei=
chen, so glitten sie auf ihren unbeschuhten Füßen unhörbar neben
den Delawaren, und gleichzeitig erhob sich der vermeintliche Utah=
Bote aus seiner gebückten Stellung.

Die Utahs verstummten und blickten verwundert auf diesen
Letztern hin. Derselbe schien plötzlich für sie etwas Fremdartiges
zu besitzen. Ehe aber noch ihr Verdacht eine bestimmtere Form
gewann und sie zu irgend einer Bewegung veranlaßte, erklang
ein grimmiger Fluch, wie ein Donnerschlag, vor ihren Ohren,
zu welchem sich das dumpfe Krachen gesellte, mit welchem Rast's
Cutlaß sich tief in des nächsten Utahs Schädel grub.

La Bataille und die beiden Utahs sprangen entsetzt empor;
Letztere kamen aber nicht mehr auf ihre Füße zu stehen, indem
die Keulenschläge der Mohaves sie mit tödtlicher Sicherheit in
die Schläfen trafen und augenblicklich betäubten. La Bataille
dagegen, welchen Rast und der Schwarze Biber zugleich zu ihrem
Opfer erkoren hatten, rettete sich durch einen verzweifelten Sprung
den Abhang hinunter.

Wohl eilten die beiden Mohaves ihm nach, wohl suchten
die Delawaren ihm den Weg zu verlegen, allein vergeblich.
Der Schlangen=Indianer, gehetzt von Todesangst und mehr ge=
wohnt, auf scharfem, felsigem Boden zu wandern, entschlüpfte

ihnen, wohin sie sich auch immer wenden mochten, und nachdem sie ihm eine Weile auf dem abschüssigen, mit Hindernissen mancher Art bedeckten und in Nacht gehüllten Abhange nachgesetzt, war er plötzlich spurlos verschwunden.

Der Biber rief endlich Alle zurück; er sah ein, daß jetzt keine Zeit mehr zu verlieren sei. La Bataille war vielleicht schon auf dem Wege nach dem andern Lager hin, und vor Ablauf von zwei Stunden hatten sie dann die ganze Bande auf den Fersen.

Ehe sie indessen an's Werk gingen, den noch in der Höhle eingeschlossenen Gefährten hülfreiche Hand zu leisten, begaben sie sich noch einmal nach dem erlöschenden Feuer. Die drei Indianer, welche daselbst lagen, waren todt. Des Bootsmanns Cutlaß hatte dem einen Utah, der sich bei dem Angriff zwischen ihm und dem verhaßten Schlangen-Indianer befand, den Schädel bis fast auf die Zähne gespalten, wogegen die anderen beiden durchaus gar keine Spuren einer blutigen Verwundung an sich trugen. Als sie aber nach den Büchsen derselben suchten, fanden sie deren nur drei, ein sicheres Zeichen, daß es La Bataille gelungen war, die seinige mit fortzunehmen.

Der Schwarze Biber sprach noch seinen Unmuth darüber aus, da knallte von dem höher gelegenen Abhange ein Schuß nieder; die Kugel flog mit pfeifendem Ton über sie fort, und ehe noch der Schall sich an den entfernten Plateaus mit donnerndem Geräusch zu brechen begonnen hatte, stieß La Bataille ein so durchdringendes, gellendes Geheul aus, daß das Echo dadurch förmlich übertäubt wurde.

„Der Hund," grollte der Schwarze Biber, „er wird die ganze Bande hierher locken, noch ehe wir uns eine Meile weit entfernt haben."

Niemand antwortete. Als aber das Gellen verstummte, schallte von Süden her, leise, aber deutlich zu unterscheiden, das

Heulen der dort versammelten Utahs. Dieselben wollten offenbar ihre bedrängten Kameraden benachrichtigen, daß sie sich rüsteten, zu ihrem Beistande herbeizueilen.

Die Lage der Flüchtlinge drohte jetzt bedrängter zu werden, als sie während der ganzen Zeit, seit sie das Utah-Gebiet verlassen hatten, gewesen. Denn außerdem, daß sich eine ihnen an Zahl dreifach überlegene Macht zu ihrer Verfolgung auf den Weg begab, befand sich auch zwischen diesen und ihnen selbst ein listiger Späher, dessen Aufmerksamkeit zu täuschen ihnen auf alle Fälle schwer, vielleicht sogar unmöglich wurde. Er konnte ihnen, ohne Gefahr für sich selbst, überall hin nachschleichen, wogegen sie nicht einmal so viel Zeit übrig behielten, auszukundschaften, nach welcher Richtung hin sie ihm unbemerkt auszuweichen im Stande gewesen wären. Waren aber die auf dem Südende des Felsenthors befindlichen Utahs wirklich aufgebrochen, was sich nach den jüngsten Ereignissen kaum noch bezweifeln ließ, so durften sie mit Bestimmtheit darauf rechnen, daß dieselben noch vor Ablauf einer Stunde den Umweg von dem südlichen nach dem nördlichen Ende zurückgelegt haben würden.

Führte nur ein einziger Weg von ihrer jetzigen Zufluchtsstelle nach der ersehnten zugänglichen Schlucht, so waren sie außerdem der Gefahr ausgesetzt, ihren Feinden auf dem schmalen Felsenpfade zu begegnen, auf welchem ein Ausbiegen sogar noch am hellen Tage seine Schwierigkeiten hatte.

Alles dieses erwog der Schwarze Biber etwa eine Minute lang, und nach kurzer Berathung mit John beeilte er sich, Kairuk und Rast beim Hinaufschaffen der in der Höhle befindlichen Gefährten und aller Sachen behülflich zu sein, während John in der Richtung davonschlich, aus welcher La Bataille's Ruf zu ihnen gedrungen war. —

Da Weatherton, Falk und die übrigen drei Mohaves bereits alle Vorbereitungen getroffen hatten, so wurde ihr Ersteigen der

Felswand mit nur geringem Zeitverlust bewerkstelligt. Die durch die Spalte in's Freie hinausgereichten Waffen und Kleidungsstücke wanderten schnell von Hand zu Hand, und als dann endlich die letzte Decke sich oben befand, folgten die Männer fast eben so schnell nach.

Kaum eine Viertelstunde nach dem Angriff auf die ausgestellte Utah-Wache ordneten sich also die Flüchtlinge nach alter Weise in einen langen Zug, nur daß dieses Mal der des Weges kundige Mohave-Häuptling sich anstatt des Schwarzen Bibers an die Spitze stellte und diesem den zweiten Platz überließ, während Rast, der sich des Schwarzen Bibers Vertrauen im höchsten Grade erworben hatte, den Auftrag erhielt, mit seiner furchtbaren Handwaffe den Zug zu beschließen.

Langsam und in tiefstem Schweigen bewegten sie sich sodann den Abhang hinauf. Ihr Weg war schroff und uneben, allein der Mohave-Häuptling mußte denselben schon zu wiederholten Malen zurückgelegt haben, denn in vielfachen Schlangenwindungen führte er sie beständig auf verhältnißmäßig gangbarem Boden. An den schwarzen Schatten aber, welche bald auf der einen, bald auf der andern Seite von ihnen, ähnlich einer zerstreuten Viehheerde, auftauchten, erkannten sie, daß der ganze Abhang mit schweren Geröllblöcken bedeckt war, so daß es für einen weniger kundigen Wanderer selbst am Tage nicht leicht gewesen wäre, ohne zeitweise gehemmt zu werden, sich zwischen denselben hindurchzufinden.

Ihre Hauptrichtung von Osten nach Westen beibehaltend, gelangten sie bald auf den höchsten Punkt des nördlichen niedrigeren Theils des zerbröckelnden Plateaus. Sobald sie dann aber wieder abwärts zu steigen begannen, wurden Kairuk's Bewegungen noch vorsichtiger und behutsamer, indem sie sich allmälig dem schwer zu unterscheidenden Felsenrande näherten, auf welchem sie, an einem gegen zweihundert Fuß tiefen Abgrunde hinschreitend, in südlicher Richtung einen Seitenpfad in die Schlucht noch vor Ankunft der Utah-Bande zu gewinnen hofften. Als sie endlich den Felsenrand erreichten, wo ihnen, wenn sie sich erst auf demselben befanden, weder nach der einen, noch nach der andern Seite hin Raum genug blieb, einen Begegnenden ohne die größten Vorsichtsmaßregeln vorbeischlüpfen zu lassen, hielten sie eine Weile an, um auf irgend welche Bewegungen ihrer Feinde oder des vorausgeeilten John zu lauschen. —

Dieser nun, der mit der Lage und Beschaffenheit des Plateaus nicht mehr vertraut war, als die meisten Mitglieder der Gesellschaft, hatte sich nicht so bald von seinen Gefährten getrennt, so trachtete er vor allen Dingen darnach, dicht genug an La Bataille heranzukommen, um ihn gewissermaßen als Führer zu benützen. Da derselbe von Zeit zu Zeit sein weithin schallendes Gellen wiederholte, so gelang ihm dies leicht, und zwar näherte er sich ihm so schnell und auf so weit, daß er, wenn er sich bückte, seine Gestalt von dem gestirnten Himmel zu unterscheiden vermochte.

Eine Viertelstunde lang setzten sie dann ihre Wanderung fort, ohne daß sie auf die eine oder die andere Art gestört worden wären. La Bataille rachesschnaubend, aber erfüllt von der Zuversicht, daß ein Entrinnen der Leute, für deren Habhaftwerbung ihm ein nach seinen Begriffen übermäßig hoher Lohn zugesagt worden war, nicht mehr denkbar sei; der Delaware dagegen, den Schlangen-Indianer fest im Auge behaltend und mit Aufbietung seiner ganzen Gewandtheit und geistigen Stärke nach irgend einer Gelegenheit spähend, welche ihm die Mittel bieten würde, sich und seine Gefährten der Falle, in welche sie gerathen waren, zu entziehen. —

Plötzlich blieb La Bataille stehen, und wie John zu bemerken glaubte, kniete er nieder, als ob er den Pfad vor sich mit den Händen habe betasten wollen.

Nach kurzem Zögern richtete er sich wieder empor. Offenbar stand er im Zweifel über irgend etwas. Er wendete sich um, lauschte in die Ferne, ob er wohl auch verfolgt werde, und dann, sich wieder dem südlichen Ende des Walls zukehrend, stieß er seinen bekannten Signalruf aus.

Derselbe wurde zweimal beantwortet; das eine Mal aus der Richtung, in welcher der Felsenrand hinlief, das andere Mal fast in derselben Entfernung, aber aus der Tiefe.

La Bataille lachte schadenfroh, denn er hatte dadurch die Gewißheit erhalten, daß der Beistand sich von zwei Seiten nähere, den Flüchtlingen also jeder Weg des Entrinnens abgeschnitten sei.

Da, wo er sich niederbückte, führte nämlich eine zugängliche Wasserrinne in die Tiefe hinab, dieselbe, auf welche Kairut seine Hoffnung setzte. Dadurch nun, daß sich die Bande getheilt hatte und auf den beiden einzigen Zugängen des Plateaus herbeikam, war seine eigene Bewachung jenes Punktes überflüssig geworden, denn wohin die Flüchtlinge sich auch wenden mochten, überall stießen sie auf eine ihnen überlegene Streitmacht, welcher sie, wenn auch erst nach hartem Kampfe, unterliegen mußten.

Theils um sich den Weg zu ersparen, theils aber auch um zu beobachten, welchen der beiden Wege die Flüchtlinge wählen würden, setzte er sich so auf den Felsenrand nieder, daß seine Füße gerade in der nach unten führenden Rinne hinabhingen. Er befand sich in dieser Stellung tief genug, um Alles, was sich von der einen oder der andern Seite auf dem luftigen Pfade näherte, rechtzeitig vor dem mild erleuchteten Firmament unterscheiden zu können.

Kaum hatte er sich indessen hingesetzt, da zuckte er leicht zusammen. Er fühlte einen festen Druck auf seiner rechten Schulter. Die ihm angeborene Vorsicht hielt ihn zurück, emporzuspringen, indem er berechnete, daß, wenn ein Feind sich auf diese Weise anmelde, derselbe auch das Uebergewicht über ihn haben müsse, eine Aeußerung des Schreckens einem Freunde gegenüber ihm dagegen nur Hohn eintragen könne. Indem er sich aber umwendete, suchte seine linke Hand verstohlen nach dem in seinem Gurt steckenden Messer, während die rechte den Kolbenhals der auf seinen Knieen ruhenden Büchse fester umspannte.

„Laß, mein tapferer Freund, das Messer in der Scheide," sagte John ruhig, indem er mit der Spitze des eigenen Messers, wie spielend, die Haut am Halse des Schlangen-Indianers ritzte und zugleich mit den Blicken eines Geiers seine Bewegungen bewachte. „Mein muthiger Freund ist sehr schlau," fuhr er fort, sich an La Bataille's Seite niederlassend, ohne denselben auch nur. auf einen Augenblick aus seiner Gewalt zu geben; „er könnte aber noch viel listiger werden, wenn er einige Winter die Delawaren auf ihren Jagdzügen begleitete. Die Delawaren wollen aber nicht mit Jemand jagen, dem sie nicht trauen dürfen, nicht mit Jemand, der von den Mormonen und den Amerikanern zugleich Geld und Pferde nimmt und beide Theile verräth."

„Der Amerikaner nicht zahlen, was versprochen," entgegnete La Bataille mit verstelltem Gleichmuth.

„Mein muthiger Freund würde den Amerikaner verrathen haben, auch wenn derselbe Gelegenheit gefunden hätte, sein gegebenes Wort zu halten;" versetzte John.

„Noch nicht zu spät sein," antwortete La Bataille, dessen Gier nach den Schätzen der Weißen plötzlich wieder mit doppelter Gewalt erwachte, und der zu dem versprochenen Lohn der Mormonen auch noch von Weatherton gern etwas erpreßt hätte.

„Es ist zu spät," erwiderte John entschieden; „für La Bataille giebt es nur das nackte Leben oder einen sichern Messerstoß, und La Bataille weiß, daß ein Delaware ihn überall findet.

Die Wunde, welche ihm in Fort Utah das Delawaren-Messer schnitt, kann noch nicht vernarbt sein; mein muthiger Freund sieht, ich spreche die Wahrheit."

„Was verlangt der Delaware?" fragte La Bataille gleichgültig.

„Die Büchse meines listigen Freundes und sein Messer."

La Bataille zögerte einen Augenblick. Verstohlen schaute er zur Seite und in die Tiefe hinab, von wo er schon hin und wieder den Ton einer Stimme unterschied. Die erhoffte Hülfe war noch fern und das Messer des Delawaren mahnte ihn daran, daß er keine Zeit zu verlieren habe. Er reichte daher das Verlangte hin, ohne sich die Mühe zu geben, irgend etwas zu erwidern.

John warf das Messer in den Abgrund hinab, blies das Pulver von der Pfanne der Büchse, und nachdem er dieselbe dem Messer nachgesendet hatte, fuhr er fort:

„Mein listiger Freund stand heute schon dicht vor den Pforten der glückseligen Jagdgefilde."

„La Bataille zu schnell für Mohave, zu schnell für langes Messer von weißem Wassermanne," versetzte dieser mit unverkennbarer Verachtung.

„Doch nicht zu flink für einen Delawaren-Jäger," fügte John höhnisch hinzu. „Behauptet La Bataille, daß er heute noch nicht an den Pforten der glückseligen Jagdgefilde stand, so befindet er sich jetzt ganz nahe vor denselben."

„La Bataille nicht fürchtet sterben, La Bataille ein Krieger, viel Blut erschlagener Feinde machen roth seine Hand."

„Mein Freund spricht in der That wie ein berühmter Krieger," versetzte John wiederum höhnisch, „er vergißt aber, die Stimme eines Raben ist nicht die Stimme eines Kriegsadlers, und der Wolf gehört nicht in das Lager des stolzen Gebirgsbären. La Bataille ist ein Rabe mit gespaltener Zunge, ein Wolf mit zweierlei Gebiß. La Bataille fürchtet den Tod, er liebt das Leben; La Bataille soll leben, er soll aber vorher der Sclave seiner Feinde sein."

"Kugel auch Adler treffen," bemerkte La Bataille achselzuckend; "La Bataille überlistet; was wünschen großer Delawaren-Krieger?"

"Ich wünsche nichts," antwortete John entschieden; "ich sage dem getroffenen Adler der Schlangen-Indianer: leihe mir Deine Zunge, oder —"

Hier bog La Bataille, trotz seiner Fähigkeit, ohne Klage Schmerz zu ertragen, unwillkürlich zur Seite, denn des Delawaren Messer war ihm, um den Ernst seiner Drohung zu beweisen, so tief in's Fleisch gedrungen, daß er das Blut warm niederrieseln fühlte.

"Meine Ohren offen, ich leihen Delawaren Zunge," versetzte er dann ruhig.

"Gut," sagte John emporspringend, und sich hinter La Bataille stellend, ergriff er ihn zugleich an seiner Stalplocke, um ihn nicht entschlüpfen zu lassen; "La Bataille spricht jedes Wort, welches ich ihm vorsage, nicht zu laut und nicht zu leise; ein Wort mehr, und ein Schnitt durch die Kehle macht ihn verstummen."

Indem der Delaware diese Bedingung stellte, wußte er, an wen er sich wendete. Er kannte seinen hinterlistigen Gegner zu genau, um noch zu bezweifeln, daß er, welcher sich um geringen Vortheils willen zu jeder Verrätherei benutzen ließ, auch nicht einen Augenblick zögern würde, einen tausendfachen Verrath zu begehen, wenn es der Rettung des eigenen Lebens galt.

Eine Viertelstunde verrann darauf, ohne daß weitere Worte gewechselt worden wären. La Bataille sich ergebend in seine gezwungene Lage und brütend über neue Verrätherei, der Delaware gespannt lauschend auf die Stimmen der sich beeilenden Utahs und auf Zeichen von der Annäherung seiner Freunde. Die Mormonen mit ihrem Utahgefolge, welche sich auf dem oberen Vorsprung herumbewegten, mochten ungefähr noch dreihundert Ellen weit entfernt sein, und die andere Abtheilung war unten an der Mündung der aufwärts führenden Wasserrinne angekommen, als John endlich die schwarze Gestalt des Mohavehäuptlings entdeckte, der sich leichten Schrittes, aber mit größter Vorsicht näherte.

In der Entfernung von etwa zehn Schritten blieb derselbe stehen. Er hatte die in seinem Wege befindlichen Gestalten entdeckt und wußte nicht, ob er sie für Freunde oder Feinde zu halten habe.

Da schallte das scharfe Zirpen der kleinen Kängurumaus zu ihm herüber. Der hinter ihm stehende Schwarze Biber erklärte ihm den Ton durch eine leichte, nach vorn deutende Berührung, worauf er unbesorgt auf John zutrat, bei seiner Ankunft aber den Biber an sich vorbeilassend.

Die Stimmen der Utahs, sowohl oben wie unten, waren schon wieder um ein Beträchtliches näher gerückt, und es ließ sich berechnen, daß die drei verschiedenen Abtheilungen beinahe zu gleicher Zeit auf der Stelle zusammentreffen würden, auf welcher der Seitenpfad von dem Felsengesimse niederwärts bog. Kairut fühlte sich durch diese Entdeckung am meisten berührt, indem er gehofft hatte, daß der untere Pfad der Aufmerksamkeit der Utahs entgangen sei und es ihm gelingen würde, mit seinen Gefährten auf demselben zu entkommen. Als er nun beide Auswege verlegt fand, da wußte er in der That nicht, zu welchem Mittel er greifen solle, doch beruhigte er sich wieder, sobald er die Delawaren im flüsternden Tone mit einander berathen hörte.

Die Verständigung zwischen den beiden alten Jagdgefährten

nahm etwa eine Minute in Anspruch, und schnell, wie ihre Unterhaltung stattfand, war auch ihr Entschluß gefaßt, der vorzugsweise davon abhing, ob die obere oder die untere Abtheilung zuerst eintreffen würde. Ihre scharfen Organe entschieden aber auch hier schnell, und ehe die Letzten des Zuges eigentlich wußten, um was es sich handle, kletterten der Biber und Kairuk den schwarzen Abhang hinunter, und zwar tief genug, daß nicht nur ihre Gefährten alle, sondern auch John mit seinem Gefangenen noch oberhalb von ihnen in sicherer Entfernung von dem Felsenrande Platz fanden.

Kaum hatten sie diese Bewegung ausgeführt, so schmiegten sich Alle dicht an das Gestein, wodurch selbst das schärfste Auge, weder von oben, noch von unten, ihre Gestalten zu entdecken vermochte.

Nur La Bataille, noch immer geführt von John, setzte sich ungefähr zehn Fuß tief unterhalb des Felsenrandes aufrecht, jedoch so hin, daß er sich beständig in der Gewalt des verschlagenen Delawaren befand, der, verborgen hinter seinem Gefangenen, halb lag, halb stand, und ihm in dieser Stellung das bezeichnete, was er seinen Genossen zurufen sollte.

Als diese Vorkehrungen getroffen waren, konnte die obere Abtheilung kaum noch fünfundzwanzig Schritte weit entfernt sein, während die untere wohl noch gegen hundert Fuß schwer zugänglichen Bodens zu erklettern hatte, ehe sie den Schwarzen Biber erreichte.

„In dieser Gegend muß es gewesen sein, von wo aus der schurkische La Bataille sein Geheul erschallen ließ," rief jetzt eine Stimme in dem vorsichtig dahinschleichenden Zuge aus, welche sich als die Holmsten's erwies; „hat er uns ohne Grund aufgeschreckt, so mag er sich hüten."

John näherte seine Lippen dem Ohr La Bataille's, und „nicht lügen!" rief dieser aus; „nicht lügen!" wiederholte er lauter, als John's Messerspitze ihm etwas tiefer zwischen den Schultern in's Fleisch drang; „Alle herauskommen aus Wasser! schlagen todt Utahs, verwunden La Bataille, kommen diesen Weg, Utahs und Mormons hinabstürzen, wenn nicht laufen."

Bei dieser Nachricht stand der ganze Zug wie auf einen Schlag still. Alle waren starr vor Erstaunen und glaubten den Schlangen=Indianer falsch verstanden zu haben.

„Hund von einer Rothhaut," rief Holmsten mit vor Schrecken und Wuth bebender Stimme niederwärts. „Du lügst, sage die Wahrheit, oder —"

„La Bataille nicht lügen!" unterbrach dieser den Mormonen, noch ehe John Zeit gewonnen hatte, ihm die zu sprechen= den Worte zuzuflüstern. „Utahs todt, alle todt! schlagen todt mit langes Messer und Kriegskeule!"

Kaum aber hatte er diese auch den Utahs verständlichen Worte mit einer Anwandlung von Grimm ausgestoßen, so brach die ganze Bande in ein so furchtbares Wuthgeheul aus, daß es unheimlich zwischen den gegenüberliegenden Plateauresten wider= hallte. Das Geheul wurde aber verdoppelt und verdreifacht, als die untere Bande ebenfalls Kunde von dem Fall ihrer Stammesgenossen erhielt, und mit genauer Noth gelang es den Mormonen, die Ruhe wieder in so weit herzustellen, um noch einige Worte mit La Bataille wechseln zu können. John aber hatte während des betäubenden Lärms hinlänglich Zeit und Ge= legenheit gefunden, La Bataille mit neuen Verhaltungsmaßregeln zu versehen.

Als nämlich Holmsten wiederum nach den näheren Umstän= den fragte, unter welchen die Utahs erschlagen worden seien, gab La Bataille zur Antwort, daß das Ersteigen des Felsens vom Fluß aus den Flüchtlingen sehr viel Mühe verursacht habe, daß erst vier von ihnen oben seien und das Reißen des Strickes ihnen viel Zeit geraubt habe. Schließlich fügte er noch hinzu, daß sie, wenn sie sich beeilten, wohl noch rechtzeitig eintreffen würden, das Entkommen der Letzten zu verhindern.

„Ein Entkommen ist nicht möglich, so lange ihnen keine Flügel wachsen und wir die einzigen Zugänge besetzt halten," bemerkte eine andere Stimme trotzig, „allein Eile ist in diesem Falle geboten, um das wieder gut zu machen, was dieser feige Hund verdorben hat."

La Bataille, auf's heftigste ergrimmt, in Gegenwart der Delawaren dergleichen Schmähungen ertragen zu müssen, wollte etwas erwidern, was bei seiner wachsenden Aufregung wahrscheinlich zu einem Verrath geführt hätte, als John's Messerspitze ihn noch rechtzeitig daran erinnerte, daß sein Leben auf dem Spiel stehe.

Die obere Bande, etwa sechzehn Mitglieder zählend, setzte sich, nachdem man sich unter einander verständigt, wieder in Bewegung, und als der Letzte des Zuges an dem Pfade vorbeigeschritten war, befanden sich die Vordersten der unteren Bande keine fünfzig Fuß mehr von dem Schwarzen Biber entfernt; doch war es, wie sich aus ihrem Keuchen und langsamen Vorrücken errathen ließ, eben nicht der gangbarste Theil ihres Weges, den sie noch zu überwinden hatten.

Sobald John den Pfad auf dem Felsenrande frei sah, rückte er etwas zur Seite, und in umgekehrter Ordnung, wie sie hinuntergeklettert waren, krochen die Flüchtlinge wieder in ihren alten Weg hinauf. Leise und Zoll für Zoll schoben sie sich vorwärts, und wenn sich dann wirklich ein Stein unter ihren Füßen löste und, geräuschvoll hinabrollend, von den heraufkletternden Mormonen und Utahs mit Flüchen und Schmähungen auf La Bataille begrüßt wurde, so sorgte John dafür, daß dieser noch geräuschvoller die Dunkelheit, den schlechten Weg und seinen eigenen guten Willen verwünschte, welchen er durch sein Entgegenklettern habe beweisen wollen.

Es lag ja zu weit außer aller Berechnung, daß dort, wo eben noch ein ganzer Trupp Bundesgenossen vorbeizog, und wo der Schlangen-Indianer noch immer Wache hielt, gerade diejenigen, welche sie mit so viel Eifer zu erreichen suchten, verborgen sein könnten, um sich durch den an La Bataille sonst nicht gewöhnlichem Lärm zum Argwohn verleiten zu lassen. Als sie dann endlich auf der Stelle eintrafen, auf welcher vor wenigen Minuten Kairuk und der Schwarze Biber gelegen, da waren diese nebst ihren Gefährten bereits hinter der nächsten Biegung des gegen Süden führenden Pfades verschwunden.

Nachdem La Bataille den Mormonen dann noch einmal die größte Eile anempfohlen und vorgegeben, sich ohne Verzug ihnen anschließen zu wollen, entfernte auch er sich geräuschlos in entgegengesetzter Richtung; ihm auf dem Fuße nach folgte aber mit geschwungener Streitart der listige Delaware. —

Ohne weiteren Hindernissen zu begegnen, erreichten die Flüchtlinge das südliche Ende des Felsenrandes, wo derselbe, in Folge der schiefen Lage der Gesteinsschichten, sich gegen Osten zu senken begann. Der Pfad, obgleich stark bergab führend, wurde daselbst immer gangbarer; sie beschleunigten daher ihre Schritte, um bald in die Schlucht hineinzugelangen und in derselben einen möglichst großen Vorsprung zu gewinnen.

Nach welcher Seite hin sie sodann ihre Flucht fortzusetzen haben würden, ob nun, ohne Umwege, nach dem heimathlichen Thale der Mohaves, oder nördlich, nach dem Lager der Vereinigte Staaten-Armee, war noch nicht in Erwägung gezogen worden. Es galt vor allen Dingen das Leben zu retten, und da sie sich jetzt in einer den Mohaves bekannteren Gegend befanden, sie den Weg vor sich aber offen wußten, so glaubten selbst die Delawaren nicht besser handeln zu können, als sich vertrauensvoll der Führung Kairuk's zu überlassen.

Ungefähr hundert Schritte trennten sie noch von dem

Strome, und mithin auch von dem Ende des Pfades, da drang zu ihnen das ferne Geheul der Utahs, welche offenbar die Leichen ihrer Stammesgenossen entdeckt hatten.

Die Delawaren frohlockten innerlich, weil es ihnen so vollkommen gelungen war, ihre Feinde zu überlisten und sie hoffen durften, daß dieselben bis nach Tagesanbruch vergeblich nach ihnen umherspähen würden. Ihre Freude war aber nur von kurzer Dauer, denn ihre Kenntniß der Bodengestaltung reichte doch nicht hin, einem Verrath von Seiten La Bataille's vorzubeugen.

John hatte seinen Gefangenen zwar keinen Augenblick aus dem Bereich seiner Streitaxt gelassen, und eben so nicht verabsäumt, den vor demselben hinschreitenden Rast bringend aufzufordern, ihn um keinen Preis an sich vorbeischlüpfen zu lassen, doch konnte er nicht verhindern, daß La Bataille stolperte und der Länge nach niederstürzte. Als er sich dann, irgend eine List vermuthend, über ihn werfen wollte, da glitt dieser unter ihm fort und seitwärts von dem Pfade hinunter, und gleich darauf erschallte sein wildes Hohngelächter von dem noch gegen dreißig Fuß tiefer gelegenen Boden der Schlucht zu ihm herauf.

„Die Delawaren sehr schlau!" rief er mit gellendem Tone aus, „Schlangen-Indianer aber mehr schlau!"

„Zweimal habe ich Dir das Leben geschenkt," antwortete John, nachdem er die vor ihm herschreitenden Gefährten dringend ermahnt hatte, sich durch La Bataille's Flucht nicht in ihrer Eile stören zu lassen, „das Blut eines Hundes war nicht gut genug für das Messer eines Delawaren! Hüte Dich! Auch das dritte Mal kannst Du in meine Hände gerathen!"

La Bataille wiederholte sein Hohnlachen, und da er sich in der Dunkelheit vor feindlichen Kugeln gesichert wußte, so brachte er seine beiden Hände in Muschelform vor den Mund, und dann stieß er jenes eigenthümliche Gellen aus, welches, wie er wußte, bei der stillen Atmosphäre, trotz der dazwischen liegenden Hindernisse, bis zu den Ohren der auf dem Nordende des Plateaus versammelten Bande bringen mußte.

„Lauft, lauft!" rief er spottend den Flüchtlingen nach, „Delawaren schnelle Füße, La Bataille, Utahs, Mormons mehr schnelle Füße; La Bataille's Büchse gut, Delawaren-Büchse besser. La Bataille schießen morgen mit Delawaren-Büchse! Delawaren-Fleisch fressen Wölfe!"

Obschon John bei diesen Verhöhnungen von dem heftigsten Zorn ergriffen wurde, so würdigte er den Schlangen-Indianer doch keiner Antwort. Er folgte seinen Vorderleuten, welche, trotz Rast's unterdrücktem Fluchen, in einen kurzen Trab verfallen waren, eiligst nach, und bald darauf bogen sie, hart am Ufer des schäumenden Colorado, von dem Felsenpfade in die Schlucht ein.

Wenn John auch, gemäß seines gegebenen Wortes, ohne die größte und bringendste Nothwendigkeit, La Bataille kein Leid zugefügt haben würde, so kam dessen Flucht ihm doch ungelegen, und fast bereute er, ihn, nachdem er seine Dienste nicht weiter in Anspruch zu nehmen brauchte, nicht durch einen sichern Hieb mit der Axt aus dem Wege geräumt zu haben.

Ursprünglich hatte er die Absicht gehegt, ihn noch bis zur Mitte des folgenden Tages bei sich zu behalten und ihn dann seinem Schicksal zu überlassen. Wenn er dann mit den Mormonen zusammentraf und ihnen Bericht über ihre Flucht erstattete, lag bereits eine Tagereise zwischen ihnen und ihren Verfolgern, und vielleicht mehr als jemals durften sie auf ein glückliches Entkommen rechnen.

Durch La Bataille's Entschlüpfen war indeß seine Berechnung vollständig umgestoßen worden. Denn da dieser die Mormonen nebst ihrer Utah-Bande voraussichtlich sogleich zurückrief, so betrug ihr Vorsprung vor denselben kaum anderthalb Stunden, wozu sich noch der sehr mißliche Umstand gesellte, daß die Richtung ihrer Flucht von dem ihnen nachschleichenden Schlangen-Indianer beständig ausgespäht und den Verfolgern durch auf dem Wege zurückgelassene Zeichen, oder auch durch das bekannte, weithin schallende Gellen verrathen wurde. —

Die größte Schnelligkeit konnte sie also nur noch retten. Sobald sie daher den sichern Boden der aufwärts führenden Schlucht erreicht hatten, folgten sie schweigend dem Mohave-Häuptling nach, der ihnen mit selbstbewußter Haltung, und ohne den leisesten Zweifel über die inne zu haltende Richtung zu verrathen, mit langen Schritten vorauseilte. —

Ihr Weg war ein breites, sandiges Strombett, aus welchem die Feuchtigkeit des letzten Gewitterregens noch nicht vollständig gewichen war. Es zeigten sich zwar nirgends mehr Pfuhle, doch besaß der nasse Sand noch immer jene Festigkeit, welche dem Menschen gestattet, ohne einzusinken, über denselben fortzuschreiten, und daher das Gehen sehr erleichtert.

War auch da, wo die Schlucht den Charakter eines wirklichen Flußbettes trug, der dort gewöhnlich herrschende Mangel an Trinkwasser schon wieder eingetreten, so unterlag es doch keinem Zweifel, daß sie weiter oberhalb in den Felsvertiefungen mehr als hinreichend zu ihrem Bedarf finden würden. Sie brauchten sich in Folge dessen nicht mit einem Wasservorrath zu beschweren, und waren daher im Stande, ihre Eile noch immer mehr zu beschleunigen.

5.
Das natürliche Fort.

Geräuschlos zogen die Flüchtlinge also auf dem weichen Sandwege dahin. Der Boden der Schlucht stieg stark an, aber doch mit einer die Bewegung des Gehens nicht sehr beeinträchtigenden Regelmäßigkeit. Außerdem verlor er auch längere Zeit hindurch nicht an Breite, nur daß die auf demselben umherliegenden und zum Theil versandeten Geröllblöcke an Zahl und Umfang zunahmen, jedoch nicht in so hohem Grade, daß dadurch ernstliche Hindernisse entstanden wären. Allmälig wuchsen auch die Uferwände wieder zu mächtigen Plateaus empor; allein, verschieden von der Schlucht, in welcher sie an den Colorado hinabgelangt waren, folgten sie hier terrassenförmig auf einander, ein langgezogenes Amphitheater bildend, wie sie solche schon in mehr abgerundeter Form kennen gelernt hatten. Ersteiglich waren dieselben indessen an keiner Stelle. Selbst da, wo Seitenschluchten in die Hauptschlucht mündeten, thürmten sich die schroff abfallenden Wälle zu Hunderten von Fuß hoch übereinander, nicht zu gedenken der kolossalen Felstrümmer, durch welche die Nebenschluchten verstopft und vollständig unzugänglich gemacht worden waren.

Alles dieses erkannten die Flüchtlinge erst, als es endlich nach mehrstündiger Wanderung zu tagen begann und allmälig die Formen der sie umgebenden Gesteinsmassen deutlicher hervortraten. Daß es ihnen nicht an Schlupfwinkeln fehle, im Fall sie eingeholt und zum Kampfe gezwungen werden sollten, begriffen sie wohl, allein sich lange zu halten, wäre trotzdem unmöglich gewesen, indem der einzige nach dem Hochlande hinaufführende Weg nur in der noch immer breiten und sandigen Hauptschlucht zu suchen war.

Als endlich die warmen Sonnenstrahlen in die Schlucht eindrangen, trafen die zum Theil schon sehr erschöpften Wanderer zum ersten Mal Anstalt zu rasten. Etwas Wasser, welches noch die erquickende Kühle der Nacht in sich barg, war bald gefunden. Doch wenn auch die Aussichten noch immer nicht ganz hoffnungslos genannt werden durften, so ruhte doch auf Allen mehr oder minder ein Druck, welchen Niemand ganz abzustreifen vermochte, und der sich in einem düstern Schweigen bekundete. Nur Rast, dem die ungewohnte Arbeit einer ununterbrochen bergan führenden Fußreise offenbar sehr schwer wurde und bereits die hervortretendsten Spuren von Erschöpfung zu zeigen begann, äußerte seinen Unmuth in der ihm eigenthümlichen geräuschvollen Weise. Er verdammte und verfluchte bis in den tiefsten Abgrund der Hölle sowohl den sandigen Weg, wie seine eigenen Füße, am meisten aber den Delawaren, der nach seiner festen Ueberzeugung dem Schlangen-Indianer die Kehle hätte durchschneiden müssen. Jeden einzelnen dieser heftigen Ausbrüche schloß er dann immer damit, daß sie Alle zu Grunde gehen müßten, ohne vorher noch einmal einen Blick auf den Ocean geworfen zu haben, und daß die Vereinigten Staaten in Lieutenant Dickie einen zukünftigen großen und weltberühmten Commodore verlieren würden, während an ihm, einem alten, abgetakelten Bootsmann, nicht viel gelegen sei.

Der Schwarze Biber, der eine besondere Vorliebe für den alten Seemann gefaßt hatte, nickte beifällig zu dieser Aeußerung.

„Wenn wir auch nicht Alle zu Grunde gehen," hob er an, „so werden die meisten von uns doch wohl schwerlich diese Schlucht lebendig verlassen."

„Ihr meint nicht?" fragten Weatherton und Falk eben so kaltblütig, aber doch nicht ohne ein gewisses Bedauern im Ton ihrer Stimme.

„Nein," antwortete der Biber, ämsig an einem Stück gedörrten Fleisches nagend; „diese Schlucht ist gangbar für Pferde, und ich wundere mich, daß die schurkischen Mormonen und ihre Utah-Hunde uns noch nicht einen guten Morgen gewünscht haben."

„Haben Sie denn ihre Pferde bis an den Colorado mitgenommen?" fragte Weatherton weiter.

„Gewiß," lautete des Bibers lachende Antwort. „Diejenigen,

welche Pferde besitzen, werden doch nicht so große Narren sein, sich auf zwei Füßen fortzubewegen, wenn ihnen deren vier zu Gebote stehen."

„Wir sahen und hörten aber nichts von Pferden. Und dann, wären sie wirklich zu Pferde an den Colorado gezogen, so hätten sie doch ihre Spuren in dieser Schlucht zurücklassen müssen."

„Ist das nicht geschehen?" fragte der Delaware mit seinem charakteristischen verschmitzten Lächeln, indem er auf mehrere runde Zeichnungen im Sande wies, welche durch die wellenförmige Bewegung des niederrieselnden Wassers entstanden zu sein schienen.

„Das wären die Spuren ihrer Pferde?" fragte Weatherton, die Zeichnungen aufmerksam prüfend.

„Nicht nur ihrer Pferde, sondern auch unserer Pferde," entgegnete der Biber mit überzeugender Bestimmtheit. „Die Hunde, sie haben unsere Pferde zu finden gewußt; ja, ja, ich wäre lieber südwärts gezogen, als in diese Schluchten eingebogen; ist aber gut so. Als diese Spuren ausgeprägt wurden, rieselte hier noch Wasser vom letzten Regen; es war nur noch wenig, aber doch genug, um die Fährten immer wieder mit Sand auszufüllen. Rechne, wir befinden uns entweder nicht sehr weit von der Stelle entfernt, wo wir die Argalis erbeuteten, oder sie müssen sich sehr beeilt haben; denn später, als vor sechsunddreißig Stunden sind sie hier nicht vorübergekommen; so lange wird es wohl her sein, seit das Wasser sich verlief."

„Ihr habt recht," sagte Weatherton, die Zeichnungen im Sande noch immer aufmerksam betrachtend, „es sind die Spuren von Pferden. Ich hätte sie sicherlich nicht bemerkt. Es gehören aber die Augen eines Delawaren dazu, dergleichen zu entdecken. Nach meiner Ansicht können dieselben aber schon lange vor dem Regen hier gewesen sein, und von ganz anderen Leuten, als den Mormonen, herrühren."

Der Biber lächelte spöttisch. „Die Augen eines Delawaren?" fragte er dann, „Ihr und Euer Freund dort, der schon wieder in sein Buch zaubert, und Bilder zaubern würde, wenn das Skalpirmesser eines Dakotahs keine zwei Zoll mehr von seinem Schädel entfernt wäre, und eben so der alte Wassermann mit dem langen Messer, habt die Spuren allerdings noch nicht ent= deckt, weil Ihr die Blicke, anstatt auf die Erde, immer auf die Höhen richtet. Unter den Uebrigen dagegen befindet sich gewiß kein Einziger, der seit Tagesanbruch die Anwesenheit von Pferden in dieser Schlucht in Zweifel gezogen hätte. Und vor dem Regen, meint Ihr? Mann, tretet in losen, trockenen Sand, und sehet zu, ob Ihr etwas anderes, als eine Vertiefung zurücklaßt, die nicht die geringste Aehnlichkeit mit Eurem Stiefel hat. Nein, Capitän, die Spuren wurden eingedrückt, als der Sand schon Festigkeit hatte und nur noch sehr wenig Wasser den Boden be= deckte. Seht dort den rothen Stein; der mit Eisen beschlagene Huf eines Pferdes hat denselben getroffen und eine blauweiße Schramme zurückgelassen. Geht hin und haucht über die Stelle, und Ihr werdet weißen Staub auffliegen sehen. Wäre die Schramme vor dem Regen gerissen worden, oder hätte das Wasser nur einmal über dieselbe hingespült, so solltet Ihr ver= geblich nach Staub oder Schramme suchen; sie sähe wieder so roth aus, wie der ganze übrige Stein."

„Ihr besitzt einen scharfen Blick und fällt ein gesundes Ur= theil," entgegnete Weatherton, überrascht über des Delawaren Beobachtungsgabe, und fast eben so überrascht, daß er selbst alle diese kleinen Nebenumstände übersehen hatte, „ja, ein durchaus treffendes Urtheil," wiederholte er, „aber Ihr werdet doch der Schramme nicht ansehen wollen, ob dieselbe von Euerm oder einem Mormonenpferde gerissen wurde."

„Nicht der Schramme, auch nicht dieser Fährte, wo die Reiter, um zwischen den Steinen hindurch zu gelangen, in langer

Reihe einander folgten. Aber weiter unten, wo sie sich ausbreiteten, da stand es auf dem glatten Sande geschrieben. Sollte mich wundern, wenn nicht sogar der Mohave-Häuptling die Schrift zu lesen verstanden hätte. Aber wartet, er selbst soll Euch Aufschluß geben. Kahiga Kairuk!" rief er dann diesem zu, und den Zeigefinger der linken Hand horizontal von sich haltend, ließ er Zeige- und Mittelfinger der rechten Hand, wie die Beine eines Reiters, auf demselben ruhen, worauf er nach dem Hochlande hinaufwies und nur die Worte „Mormons" und „Utahs" aussprach.

Ueber Kairuk's ernste Physiognomie verbreitete sich ein Lächeln des Verständnisses, und indem er zuerst alle zehn Finger und dann noch einmal einen emporhielt, verdeutlichte er die Zahl elf.

„Gut," versetzte der Delaware in aufmunterndem Tone, worauf er dasselbe Zeichen wiederholte, aber in die Schlucht hinabwies.

Dieses Mal gab Kairuk zu verstehen, daß sechszehn Pferde im Besitz der Mormonen und Utahs seien, und damit noch nicht zufrieden, hob er noch einmal fünf Finger empor, von denen er zwei bei dem Worte „Delawar," die übrigen drei mit der Bezeichnung „Amerikan" umlegte.

„Sie haben ohne Frage unsere Pferde gefunden und noch einen Theil ihrer Utahs beritten gemacht," bemerkte Weatherton, den prachtvoll gebauten Mohave-Häuptling noch immer mit Theilnahme betrachtend. Plötzlich aber fuhr er auf. „Wenn unsere Verfolger beritten sind und Gefahr im Verzuge ist, worauf warten wir denn noch länger?" fragte er laut, „oder glaubt Ihr vielleicht, es stimmt mich fröhlich, das Leben aller dieser Männer durch meine Schuld auf das Spiel gesetzt zu wissen?"

„Erst reisen, dann rasten, essen und trinken, und dann wieder reisen," antwortete der Schwarze Biber mit stoischer Ruhe, indem er einen andern Streifen gerösteten Fleisch hervorzog. „Wer langsam reist, reist weit, und kann, wenn's Noth thut, auch eine Strecke laufen, ohne den Athem zu verlieren. Müde Beine machen müde Arme, und müde Arme können nicht kämpfen. Ich kann laufen, John kann laufen, eben so die Mohaves; auch Ihr haltet es noch eine Zeit lang aus, auch Euer Medicinfreund, wenn er sein Bild fertig hat —"

„Ich bin jederzeit fertig," unterbrach Falk den Delawaren, indem er sein Skizzenbuch zuklappte und an seine Kugeltasche befestigte.

„Ja, ja, Ihr seid bereit und könnt noch weit laufen, aber der Wassermann ist kein guter Mann auf dem Lande; er muß seine langen Beine rasten, oder wollt Ihr ihn zurücklassen, wenn ihm die Kräfte ausgehen?"

Weatherton erröthete, weil er im Eifer seinen alten, treuen Gefährten vergessen hatte. Er wollte etwas entgegnen, doch Rast kam ihm zuvor.

„Gobdam!" rief derselbe emporspringend aus, „wer sagt, daß meine Kielhölzer zu lang und schwach seien? Ich laufe so lange, wie Planken und Rippen zusammenhalten, und werde ich leck, so gehe ich zu Grunde, ohne daß sich ein Delaware oder sonst eine Menschenseele darum zu kümmern braucht, und das ist originell, oder die neunschwänzige Katze soll mich, trotz meiner achtundfünfzig Jahre, wie n'en faulen Schiffsjungen beißen!"

„Langsam, langsam," versetzte Weatherton, der sich über des Bootsmanns Erregung eines Lächelns nicht enthalten konnte, „wir befinden uns jetzt an Bord desselben Schiffes, und wo Du bleibst, bleibe auch ich."

„Lieutenant!" rief der alte Seemann zornig aus, indem er seinen Hut dienstlich berührte, und die dunkelblaue Färbung seiner Narbe prophezeite einen Sturm. „Ihr waret noch ein Kind, als ich schon als Vollmatrose um's Gangspill herumlief; die ersten Seemannsregeln habt Ihr von mir gelernt, zum Aerger

Eurer lieben Mutter und des ganzen Professorengesindels von mir gelernt; also, Dickie, erinnert Euch wohl: was ist das Commando eines Capitäns, wenn's Schiff Wasser zieht und im Sturme zu sinken droht?"

„Masten kappen!" antwortete Weatherton gutmüthig, denn er errieth schon, wo Rast hinauswollte.

„Masten sind gekappt, Herr!" rief der Bootsmann so laut, als wenn er sich wirklich an Bord eines sinkenden Schiffes befunden hätte.

„Kanonen über Bord!"

„Kanonen über Bord, Herr! 's Wasser steigt noch immer im Schiffsraum!"

„Ballast über Bord!" fuhr Weatherton fort, zufrieden, ein Mittel gefunden zu haben, den eigensinnigen Gefährten allmälig auf andere Gedanken zu bringen.

„Das ist es, Herr! Ballast über Bord! Gobbam! Werdet wohl einsehen, daß so 'n alter überlebter Seehund nur noch Ballast ist. Also vorwärts! Jeden Fetzen Leinwand beigesetzt, und will das Schiff dem Steuer nicht mehr gehorchen, dann rufe ich: Ballast über Bord!"

„Gut, Freund Rast, Du sollst Deinen Willen haben," entgegnete Weatherton, der jetzt eben so wenig wie der Schwarze Biber an einen sofortigen Aufbruch dachte; „wenn das Fahrzeug im Sturme zu sinken droht, dann bin ich der Mann, der commandirt: Ballast über Bord; aber so lange das Wetter noch günstig, wollen wir uns noch nicht damit übereilen."

Rast kratzte sich verlegen hinter den Ohren, und das Blau seiner Narbe ging in das schönste Purpurroth über. Einen solchen Einwand hatte er nicht erwartet, und wie Beistand suchend, heftete er seine grimmigen Blicke auf den Biber.

Dieser aber lachte ihm schadenfroh zu, und rieth ihm, sich

niederzusetzen, indem vorläufig noch nicht an eine Weiterreise zu denken sei.

„Wie mir mein Freund Kairut versichert, gebrauchen wir noch den ganzen Tag, um das Ende dieser Schlucht zu erreichen," erklärte er dann, um Rast gefügiger zu machen; „einen andern Ausweg giebt es nicht. Folgen die Mormonen uns zu Pferde, so holen sie uns Nachmittag so gut wie Vormittag ein; folgen sie uns aber zu Fuß, so bringt eine halbe Stunde Rast sie uns auch nicht auf den Hals. Außerdem befinden wir uns in einer Umgebung, in welcher wir nicht lange nach einem Winkel zu suchen brauchen, der sich zur Vertheidigung eignet, und ein Dutzend Kugeln aus unsern Büchsen, sollte ich denken, müsse eben so vielen Mormonen und Utahs die Lust vertreiben, sich jemals wieder von dem Sande zu erheben."

Indem er dies sagte, heftete er seine Blicke neugierig auf eine Ecke der südlichen Schluchteinfassung, welche, scharf abbiegend, die östliche Aussicht verdeckte.

Alle schauten nach der von ihm in dieser Weise angedeuteten Richtung hinüber, und Ueberraschung spiegelte sich in ihren Zügen, als sie das seltsame Benehmen John's gewahrten, der, um einem unvorhergesehenen Ueberfall vorzubeugen, sich zum Spähen nach dem Vorsprung hinaufbegeben hatte.

Derselbe glitt nämlich wieder so weit niederwärts, daß nur noch seine Augen in gleicher Höhe mit dem Vorsprung blieben, und während er dieselben gerade aus gerichtet hielt, winkte er mit der Hand rückwärts, daß man sich verbergen möge.

„Wie ich vorhersagte," bemerkte der Schwarze Biber gleichmüthig, indem er sich erhob und dadurch das Zeichen zum allgemeinen Aufbruch gab, „sie kommen zu Pferde und mögen wir sie daher eben so gut hier, wie weiter aufwärts empfangen. Schade d'rum, daß unsere Mohave-Freunde nicht mit Büchsen bewaffnet sind. Verdammt! ich glaube, wir würden sie bald dünn genug machen, um sie selbst hetzen zu können. Ist aber eine schwierige Sache jetzt; doch wir wollen unser Bestes thun." So sprechend, bog er nach der nördlichen Seite der Schlucht hinüber, und seine Gefährten anweisend, sich genau hinter ihm zu halten, eilte er flüchtigen Schrittes immer weiter aufwärts. Mit der Gewißheit, daß nunmehr einem Kampfe nicht mehr auszuweichen sei, hatte sich auch wieder eine ruhigere Ueberlegung eingestellt, und eine feste Entschlossenheit erfüllte alle Gemüther, die kurz vorher noch mehr oder minder von den widerstreitendsten Muthmaßungen bewegt gewesen. Die Berathungen und das Aussprechen von Ansichten hatten plötzlich ihr Ende erreicht; dem Schwarzen Biber wurde stillschweigend von allen Seiten die weitere Führung zugestanden, und dieser erhielt jenen ruhigen, kriegerischen Ausdruck und die selbstbewußte Haltung, welches Beides bei dem nordamerikanischen Eingebornen, sobald er sich einen höhern Grad von Gesittung angeeignet hat, in den meisten Fällen verloren geht.

Seine Augen blitzten bald nach der linken Seite hinüber, wo sie prüfend über die zerklüftete und in mancherlei phantastische Formen ausgewaschene Uferwand hinflogen, bald schaute er zurück, um aus John's Benehmen auf die Nähe der Feinde schließen zu können, und wenn seine Augenlider, wie vor Mattigkeit, ungewöhnlich tief niederhingen und seine schwarzen, lebhaft glänzenden Pupillen kaum noch zu erkennen waren, so berechnete er doch jede einzelne seiner Bewegungen, und nichts in seiner Umgebung entging ihm, was sich zu seinem oder seiner Gefährten Vortheil hätte ausbeuten lassen.

So gelangte er schnell bis dahin, wo eine Biegung der Schlucht bei seinem weitern Vorschreiten den spähenden John aus seinem Gesichtskreise gerückt haben würde. Sinnend blieb er stehen, und sich umwendend maß er mit den Augen die Entfernung, die ihn von dem Vorsprung trennte. Er wechselte sodann einige Zeichen mit Kairuk und Jreteba, die ihre Zustimmung durch ihr gebräuchliches „Achotka" zu erkennen gaben, worauf er bis dicht unter die südliche Felswand hinschritt, alle ihm Nachfolgenden ermahnend, von jetzt ab behutsamer, als sie bisher gethan, sich in seinen Spuren zu halten.

Anstatt aber der Schlucht weiter aufwärts zu folgen, schlug er den Rückweg ein, wobei er sehr sorgfältig darauf achtete, daß die von ihm und seinen Gefährten hinterlassenen Spuren so wenig auffällig wie nur möglich wurden.

Trotzdem ihr Weg abwärts führte, kamen sie doch nicht so schnell hinunter, wie sie heraufgekommen waren, indem sie bald an den Abhängen selbst hinkletterten, bald von Stein zu Stein sprangen, bald sogar ganz stille standen, um diesen oder jenen Punkt der stellenweise überhängenden Felswand genauer zu untersuchen.

Der Schwarze Biber spähte augenscheinlich nach irgend etwas; doch so oft er auch anhielt, schon nach kurzem Verweilen setzte er seinen Weg mit einem leichten mißbilligenden Kopfschütteln wieder fort, um vielleicht nach den nächsten zwanzig Schritten von neuem mit seinen Forschungen zu beginnen.

Ungeachtet der mehrfachen Zögerung befand sich die Gesellschaft doch bald wieder der Stelle gegenüber, auf welcher man gerastet hatte. Allein auch hier entdeckte der Delaware nicht, was er suchte, und immer mehr näherte er sich dem Vorsprunge, auf welchem John Wache hielt und zugleich auf unverkennbare Art zur Eile aufforderte.

Erst als er in guter Büchsenschußweite von John angekommen war und er abermals die Felswand und die am Fuße derselben angehäuften Gesteinsmassen betrachtete, erhellten sich seine fast theilnahmlosen Züge.

In der Wand öffnete sich nämlich eine gegen zwanzig Fuß breite Spalte, welche zwar die zweihundert Fuß hohe Mauer theilte, aber doch nicht tief in das Plateau selbst hineinreichte. Es mußte oben auf dem Plateau gerade dort eine aus der nächsten Abstufung herführende Rinne münden, denn die Spalte trug ganz den Charakter, als wenn sie allmälig durch das zeitweise Niederstürzen großer Wassermassen entstanden sei, wofür namentlich sprach, daß der massive Boden der Spalte, welcher in der Höhe von ungefähr zwanzig Fuß mit der schrägen Geröllanhäufung abschnitt, muldenförmig ausgehöhlt, die Vertiefung aber mit dem klarsten Wasser angefüllt war.

Dergleichen Spalten hatten sie vielfach zu beiden Seiten bemerkt, und einzelne auf der Südseite auch einer oberflächlichen Prüfung unterworfen, doch standen alle nach der Schlucht zu offen, weshalb sie als ungeeignet für ihre Zwecke befunden wurden.

Diese letzte Spalte dagegen war nach der Schlucht zu abgeschlossen, und zwar durch einen mächtigen Felsblock, einen Theil der oberen niedergestürzten Felsschicht, der so vor der Oeffnung liegen geblieben war, daß auf beiden Seiten ein Raum von kaum zwei Fuß Breite offen stand, durch welchen die fallenden Wassermassen sich dann ihren Weg weiter zu suchen hatten. Der Block war gegen zwölf Fuß hoch, und da er wegen seiner schiefen Lage nach Außen überhing, von dorther also unersteiglich war, so bildete er für die in der Spalte sich Verbergenden eine überaus zweckmäßige Brustwehr, die von einigen guten Schützen und beherzten Männern uneinnehmbar gemacht werden konnte.

Es befand sich wohl Keiner in der Gesellschaft, dem dies nicht auf den ersten Blick einleuchtete, und mit einem Gefühl von Zuversicht folgten Alle dem Delawaren, als derselbe nach der Spalte hinaufkletterte und gleich darauf durch den engen Eingang hinter dem Felsblock verschwand.

Als die Flüchtlinge in das natürliche Fort eintraten, fanden sie es ihren Zwecken noch viel mehr entsprechend, als sie erwartet hatten, und der Anblick des Schattens, vor Allem aber des frischen Wassers, übte einen so ermuthigenden Einfluß auf sie aus, daß sie es durchaus für kein so großes Unglück würden angesehen haben, hier einige Tage weilen zu müssen, wäre ihnen nicht auch zugleich die Aussicht auf einen eben so langen und gewiß sehr hartnäckigen Kampf eröffnet gewesen.

Sie hatten sich eben mit ihrer näheren Umgebung vertraut gemacht, und waren im Begriff, die Vorzüge ihres Verstecks zu prüfen und diejenigen Punkte noch besonders in Augenschein zu nehmen, von welchen aus sie mit ihren Büchsen die Schlucht zu bestreichen vermochten, da glitt John zu ihnen herein.

Derselbe berichtete hastig, was er gesehen, und dann vertheilten sich Alle eben so schnell auf ihre verschiedenen Posten, indem John, Rast und drei Mohaves den südlichen Ausgang besetzten, während die Uebrigen sich vor den oberen aufstellten.

Längere Zeit verstrich dann in lautlosem Schweigen. Alle Blicke, welche nicht durch den Felsblock daran gehindert wurden, waren fest auf den Vorsprung geheftet, hinter welchem die Feinde hervorreiten mußten.

Obgleich sie deren Stimmen und das Stampfen der Pferde bereits zu vernehmen glaubten, wollte doch noch immer kein Reiter erscheinen. Die Delawaren vermutheten daher, daß ihre Verfolger, wie sie selbst eine kurze Strecke weiter oberhalb gethan, unterhalb der Felsenecke, um zu rasten und ihre unberittenen Genossen zu erwarten, angehalten hätten.

Da schob John, ähnlich einer Schildkröte, welche, um unbemerkt zu bleiben, ihre Glieder unter ihren Panzer einzieht, sich langsam noch etwas weiter hinter den Felsblock zurück, und mit kaum merklicher Bewegung hob sich die Mündung seiner Büchse, während er die Wange fest auf den Kolben drückte.

Er bemerkte nämlich, daß auf derselben Stelle, von welcher

aus er in die Schlucht hinabgespäht hatte, aber von der entgegengesetzten Seite, ein schwarzbehaarter Kopf behutsam emportauchte. Offenbar wollte der dort verborgene Kundschafter einen Blick' aufwärts senden, ehe er frei und offen in den durch die Biegungen hergestellten Felsenkessel einzutreten wagte. Gleich darauf erkannte er sogar den verrätherischen Schlangen-Indianer, und mit einer wilden Befriedigung wählte er dessen Stirn zum Ziel für seine Kugel, indem er leise den Finger an den Drücker legte.

In diesem Augenblick sah der auf dem andern Ende des Felsblocks befindliche Schwarze Biber sich nach ihm um; derselbe gewahrte aber nicht so bald, daß John im Begriff war, zu schießen, so zischte er leise.

John ließ die Mündung seiner Büchse sinken, La Bataille verschwand von seinem Standpunkt, Rast aber, der, neben dem Delawaren liegend, ebenfalls den ihm verhaßten Schlangen-Indianer wieder erkannt hatte, vermochte seinen Unwillen nicht ganz zu unterdrücken, daß derselbe abermals mit dem Leben davon gekommen sei.

„Warum, beim Satan! hast Du nicht fliegen lassen?" flüsterte er so leise, wie es ihm nur möglich war.

John zuckte die Achseln. „Besser so," sagte er gleichgültig, „treffe ich ihn heute nicht, treffe ich ihn morgen," und dann herrschte wieder Todtenstille in der Felsspalte.

Nach einigen Minuten wurde es indessen lebendig in der Schlucht, denn La Bataille hatte, von dem Vorsprung hinunterkletternd, den Boden derselben noch nicht erreicht, da ritten zehn oder zwölf bewaffnete Männer hinter der Felsenecke hervor, ihre schon ziemlich abgetriebenen Pferde noch immer zur Eile spornend.

Augenscheinlich befürchteten sie einen Hinterhalt, weshalb sie, da sie die Flüchtlinge nicht mehr weit entfernt glaubten, bei jeder Biegung der Schlucht den neuen, sich vor ihnen eröffnenben Keſſel auskundſchaften ließen, ehe ſie ſich in denſelben hineinwagten. Da nun La Bataille's Blicke nicht hinter jeden Felsblock und nicht in jeden Winkel hineinreichten, ſo begnügte er ſich ſchon, wenn er die deutlich ausgeprägten Spuren als einen langen, dunkler gefärbten Streifen auf dem weſtlichen Ende des jedesmaligen Sandfeldes ſich verlaufen ſah. Denn daß diejeni= gen, die ſie in vollſter Flucht wähnten, ſich ihnen auf einem andern Wege wieder genähert haben könnten, hielt ſelbſt der ſonſt ſo mißtrauiſche Schlangen=Indianer nicht für denkbar.

Auf ſein Zeichen alſo, daß der friſch gebrochene Pfad noch immer weithin ſichtbar ſei, hatten die Reiter ſich ſogleich wieder in Bewegung geſetzt, es ihm und drei oder vier anderen Utahs überlaſſend, ſie vor der nächſten Biegung durch vergrößerte Eile ihrer Pferde wieder einzuholen.

Daraus folgte denn auch, daß, als der nunmehr wieder vollſtändig bewaffnete La Bataille mit ſeinen Genoſſen um die Ecke herumtrabte, die anderen Reiter ſchon ein paar Hundert Schritte weit an dem Hinterhalt vorbei waren und, nach einer flüchtigen Prüfung der Stelle, auf welcher die Geſellſchaft kurz vorher geraſtet hatte, der ſich an der nördlichen Wand hinziehen= den Fährte mit einem Eifer, wie ihn nur der größte Haß ein= geben kann, nachtrabten.

Daß John nicht von vorn herein die Feindſeligkeiten eröff= nete, indem er dem Schlangen=Indianer den Schädel zerſchmet= terte, hatte einestheils ſeinen Grund darin, daß Weatherton noch immer hoffte, ſich ohne weiteres Blutvergießen mit den Mor= monen zu verſtändigen; anderntheils gab aber auch der Schwarze Biber um ſo williger den Wünſchen der beiden weißen Freunde Gehör, weil die Feinde ihnen von dem Vorſprung aus gefähr= lich hätten werden können, wogegen ſie, ſobald ſie einmal vor= beigeritten waren, nur über eine ungeſchützte Fläche zum An=

griff zu schreiten vermochten, wo sie den Kugeln von vier guten Büchsen ausgesetzt blieben. —

Die zurückgebliebenen Indianer waren bereits an dem Hinterhalt vorbei und näherten sich im Galopp der alten Lagerstelle, wohin die glühenden Blicke der Delawaren sie in allen ihren Bewegungen verfolgten, als La Bataille, der sich einige Schritte voraus befand, plötzlich sein Pferd so heftig zum Stehen brachte, daß dessen Hinterfüße, während es sich hoch aufbäumte, sich tief in den Sand bohrten. Seine Begleiter hielten ebenfalls ihre Pferde an, und mit unverkennbarem Mißtrauen beobachteten sie das Benehmen des vorausgeeilten Reitertrupps, der, anstatt am Ende des Felsenkessels ihrer zu harren oder um die Biegung herumzureiten und in den nächsten Kessel hineinzuspähen, einen Bogen nach der südlichen Felswand hinüber beschrieb und an dieser wieder zurückkam.

Nachdem La Bataille die Bewegungen der Mormonen und der, gleich Hunden, vor ihnen herspürenden Utahs eine Weile sinnend betrachtet, bezweifelte er nicht, daß die Flüchtlinge noch in dem Felsenkessel verborgen seien, und vielleicht nahe genug, um ihn mit der Kugel zu erreichen. Er hielt es daher zunächst für geboten, seine eigene Person in Sicherheit zu bringen und dann erst wieder an die Fortsetzung der Verfolgung zu denken.

Langsam ließ er seine Blicke im Kreise an den Felsenmauern herumgleiten, und wie zufällig folgte sein Pferd der jedesmaligen Richtung seiner Augen, bis dasselbe den Kopf wieder dem Colorado zugewendet hatte. Er hoffte das Versteck der Flüchtlinge zu entdecken; doch Felsblock reihte sich an Felsblock, Spalte folgte auf Spalte, ohne daß dieser oder jener Punkt sich vor den anderen ausgezeichnet hätte. Ueberall konnten die Feinde sich verborgen haben, hinter jeder Unregelmäßigkeit der Felswand hervor eine Büchse auf ihn gerichtet sein. Nur das schien ihm außer aller Frage, daß sie sich nicht auf dem westlichen Ende des Felsenbeckens in Hinterhalt gelegt hatten. Befand er sich wirklich im Bereich der Büchsen der Delawaren, dann vermochte ihn nur die größte Kaltblütigkeit zu retten; er fühlte, er mußte zu genau, daß sie ihn, nach seinen vielfachen Verräthereien, nicht wieder entkommen lassen würden.

In seinem Aeußern verrieth sich indessen nicht im geringsten das Bewußtsein einer nahen Gefahr, im Gegentheil, er schien dadurch noch ruhiger und sorgloser geworden zu sein.

Den Kopf geneigt und die Blicke auf den Boden geheftet, als ob er die Spuren im Sande noch einmal habe prüfen wollen, ritt er zu seinen Gefährten zurück. Nachdem er diese sodann angewiesen, daselbst auf seine Rückkehr zu harren, bewegte er sich Schritt vor Schritt, bald auf der einen, bald auf der andern Seite seines Pferdes niederschauend, dem bekannten Vorsprung zu, hinter welchem er sein Leben gesichert hielt. Dabei blitzten seine Augen aber verstohlen nach der südlichen Felswand hinüber, sich in jeden verborgenen Winkel gleichsam einbohrend.

Endlich traf er dem Felsblock gegenüber ein, hinter welchem die Flüchtlinge lauerten. Die verdeckte Spalte schien ihm ganz besonders verdächtig, und ohne die Gangart seines Pferdes zu ändern, wendete er seine Augen nicht mehr von derselben ab. Kaum hundert Schritte trennten ihn noch von dem Vorsprung; da bemerkte er plötzlich, daß ein Büchsenlauf sich leise hinter dem Felsblock hervorschob. Er wußte, wem es galt; sein Pferd emporreißend und zu einem mächtigen Satze zwingend, suchte er daher als letztes Rettungsmittel sich durch die schnelle Bewegung zu einem unsichern Ziel zu machen und in offener Flucht den Schutz der Felswand zu erreichen. Das auf schmerzhafte Weise emporgeschreckte Pferd setzte mit Aufbietung aller Kraft zum Sprunge an und kam in weitem Bogen wieder auf den Boden zu stehen; ehe es aber dieselbe Bewegung zum zweiten Mal wiederholte, knallte es hinter dem Felsblock hervor, und fast zu gleicher Zeit erschallte ein wildes Hohngelächter durch die Schlucht.

Den Knall mochte La Bataille noch vernommen haben, das Lachen dagegen nicht mehr. John's Kugel war ihm durch den Kopf gefahren und hatte seiner Verrätherei auf ewige Zeiten ein Ende gemacht.

Das Pferd bäumte sich noch einmal unter dem krampfhaften Griff des Sterbenden hoch auf, und als dann sein Reiter leblos neben ihm auf den Boden sank, blieb es schnaubend und keuchend bei ihm stehen. Trotz aller Anstrengung vermochte es nicht, die Zügel von der erstarrten Faust zu befreien.

„Gut," sagte der Schwarze Biber zu seinem Gefährten, als dieser unter den lauten Beifallsbezeugungen Rast's seine Büchse wieder lud; „gut, ehe die übrigen Utahs eintreffen, haben wir von dort unten her nichts zu befürchten."

John begab sich darauf ebenfalls nach dem westlichen Ausgange hin, um sich nach den Begleitern des gefallenen Schlangen-Indianers umzusehen.

Diese aber, nachdem sie sich überzeugt, daß der Weg nach dem Colorado zu verlegt sei, hatten keinen Augenblick gesäumt und waren in wilder Hast zu den Mormonen hingeflohen, die im ersten Schrecken nicht wußten, wohin sie sich zunächst wenden sollten, und sich in einen wirren Haufen zusammendrängten.

6.
Die Entscheidung.

Die Flüchtlinge befanden sich nunmehr alle vor der westlichen Pforte ihres Verstecks, durch welche sie die Schlucht bis

in den äußersten Winkel zu überblicken, mithin auch die Be=
wegungen ihrer Feinde genau zu bewachen vermochten. Als
einen großen Vortheil betrachteten sie, die Macht derselben ge=
theilt zu haben; denn bedrohten auch später die herbeieilenden
unberittenen Utahs sie von dem Vorsprung aus, so stand doch
zu erwarten, daß die besten Schützen und die gewandtesten Krie=
ger sich den Mormonen zugesellt hatten, die sich nicht, ohne
selbst gefährdet zu sein, auf Schußweite heranwagen durften.
Außerdem war vorauszusehen, daß ein Theil derselben sich noch
im Laufe des Tages mit den Pferden entfernen würde, indem
die Schlucht in ihrer ganzen Ausdehnung nicht so viel Futter
aufzuweisen hatte, um die armen Thiere vor dem vollständigen
Ermatten und demnächstigen Verhungern bewahren zu können.

Sie ergingen sich noch in Muthmaßungen über die von ihren
Verfolgern möglichen Falls einzuschlagende Handlungsweise, da be=
merkten sie, daß die Aufmerksamkeit der Reiter sich plötzlich nach
der entgegengesetzten Seite hinwendete, gleich darauf zwei andere
Reiter um die obere Biegung der Schlucht herumlenkten und
in größter Eile auf jene zugaloppirten.

„Denke, wenn noch viele kommen, wird's wohl nicht lange
mit uns dauern," sagte der Schwarze Biber ruhig, sobald er
sich überzeugt hatte, daß die beiden Fremden von allen Seiten
wie gute Freunde und Bekannte begrüßt wurden.

Niemand antwortete dem Delawaren; denn was er sagte,
waren zu sehr die Gedanken jedes Einzelnen.

Die Spannung aber, mit welcher man den Reitertrupp be=
obachtete, wuchs noch, als man bemerkte, wie die in dem=
selben befindlichen Mormonen auffallend lebhaft mit einander
verhandelten und dabei bald die Schlucht aufwärts, bald abwärts
wiesen, bald auf die Stelle deuteten, von welcher aus La Ba=
taille erschossen worden war.

Dies dauerte ungefähr eine Viertelstunde, und noch immer

hielten die Mormonen auf derselben Stelle, während ihre Stimmen sich im heftigen Wortwechsel lauter und lauter erhoben. Als aber dann noch ein dritter Reiter von oben her erschien und, ein weißes Tuch schwingend, zu ihnen heransprengte, löste der Trupp sich auf, noch ehe derselbe eingetroffen war.

Der größere Theil der Reiter blieb allerdings zurück, drei oder vier dagegen peitschten und spornten ihre Pferde, wie im Wettlauf, gerade auf das Versteck der Flüchtlinge zu, worauf sich noch Einzelne, aber mit geringerer Schnelligkeit, an sie an= schlossen.

„Die Mörder! sie müssen sterben, oder es giebt keine Ge= rechtigkeit mehr unter der Sonne!" rief der vorderste der her= anstürmenden Mormonen, in welchem die Delawaren sehr bald Holmsten erkannten, mit gellender, unheimlich klingender Stimme aus.

Die hinter ihm her eilenden Männer ließen ebenfalls ihre Stimmen erschallen; doch erstarben dieselben in dem Gebrüll, mit welchem Holmsten fort und fort die Worte: „Mir nach! Nieder mit den Mördern!" wiederholte.

„Ich denke, wir machen uns fertig," sagte der Schwarze Biber, den Hahn seiner Büchse spannend, welchem Beispiel die Uebrigen schweigend folgten. „Aber, Gentlemen, nicht Alle zu= gleich feuern," fuhr er fort, den unter lautem Geschrei herbei= galoppirenden Holmsten scharf in's Auge fassend; „nicht schießen, bis Ihr das Schwarze im Auge seht. Denke, ich nehme den Vordersten auf mich, John kann dem Zweiten eine Kugel zu= schicken, die nächsten Beiden sind für Euch bestimmt," wendete er sich an Weatherton und Falk, „und ehe die Anderen heran= kommen, werde ich wohl wieder geladen haben. Nähern sie sich zu schnell, so werden des Wassermanns Pistole und der Mo= haves Pfeile sie wohl ein Weilchen aufhalten.

„Narren," fügte er nach einer kurzen Pause hinzu, während

welcher er die Entfernung, bis auf welche er Holmſten heran=
laſſen wollte, mit den Augen maß; „wollen mit Gewalt todt=
geſchoſſen werden, Carajo! um ſo beſſer für uns," und ſo
ſprechend, brachte er langſam die Büchſe an die Schulter.
„Halt! Haltet ein! Um Gottes willen, haltet ein!" ſchallte
es jetzt deutlich von den hinter Holmſten hereilenden Reitern
herüber.
„Haltet ein!" wiederholte Weatherton dringend, indem er
ſeine Hand auf des Schwarzen Bibers Büchſe legte; „ſie hegen
keine feindlichen Abſichten, ſie wollen unterhandeln."
Der Delaware ſetzte ab. „Unſinn, ſie wollen uns täuſchen,"
ſagte er, verſchmitzt lächelnd, und wiederum hob er die Büchſe
empor.
In dieſem Augenblick wurden die Rufe der entfernteren
Reiter, wie auch ihre Zeichen, ſo deutlich, daß ſogar der Dela=
ware, irgend etwas Außergewöhnliches vermuthend, die Mün=
dung ſeiner Büchſe niederſinken ließ und die heranſtürmenden Reiter
befremdet betrachtete.
„Holmſten! Halt! Halt! der Befehl des Propheten!" ſchrieen
die Mormonen wieder durcheinander.
„Mir nach, wenn Ihr keine feigen Schurken ſeid!" ant=
wortete Holmſten; „kein Pardon den Mördern! Rynolds' Blut
ſchreit um Rache! Mir nach! Nieder mit den Mördern!"
„Bei Gott! die Sache iſt nicht klar;" bemerkte der Biber
verwirrt, „entweder ſie wollen uns täuſchen, oder ſie ſind unter
ſich uneinig geworden."
„Mir ſcheint, als wenn der eigentliche Mörder entdeckt wor=
den iſt," verſetzte Falk, „und derſelbe —"
„Paßt auf, Gentlemen, und haltet Euch bereit, bei Gott!
paßt auf!" unterbrach der Delaware den Maler, indem er ſelbſt
einen Schritt zurücktrat.
Gleichzeitig fiel aber auch ein Schuß, und klatſchend ſchlug

eine Kugel gegen das Gestein, vor welchem der Delaware noch kurz vorher gestanden.

Alle lugten sogleich um die Ecke; sie sahen, daß Holmsten unten vor der Geröllanhäufung vom Pferde gesprungen war und, nachdem er seine abgeschossene Büchse zur Seite geworfen hatte, in der rechten Hand einen Revolver, in der linken ein breites Bowiemesser schwingend, Anstalt traf, ganz allein das Versteck zu stürmen. Dabei wiederholte er fortwährend mit heiserer Stimme sein: „Nieder mit den Mördern!" wogegen die nachfolgenden Reiter durch Ruf und Zeichen dem Ausbruch des Kampfes vorzubeugen trachteten.

Nur mit Mühe war es Weatherton und Falk unterdessen gelungen, den Delawaren, der beinahe ein Opfer von Holmsten's Wuth geworden, zurückzuhalten, den wie wahnsinnig zu ihnen heraufeilenden Mormonen niederzuschießen. Wußten sie doch selbst nicht, was sie von der Sache denken sollten. Dort die Leute, die um jeden Preis Blutvergießen zu verhindern wünschten, hier Jemand, der mit den unverkennbarsten feindlichen Absichten auf sie einbrang und offenbar einen Kampf auf Leben und Tod herbeizuführen beabsichtigte. Aus Holmsten's Aeußern aber glaubten sie entnehmen zu dürfen, daß er in letzter Verzweiflung sein Leben daran setzte, diejenigen zu vernichten, die als Zeugen gegen ihn auftreten konnten.

Indem er immer näher rückte, unterschieden sie seine Züge genau, in Folge dessen sie den Delawaren auf's bringendste riethen, Alles aufzubieten, ihn lebendig in ihre Gewalt zu bekommen, anstatt ein Ende mit ihm zu machen. Sein Gesicht hatte eine aschfahle Farbe angenommen, weißer Schaum stand vor seinem Munde, und indem Schuß auf Schuß aus seinem Revolver krachte, sprang er so leicht und gewandt von Stein zu Stein aufwärts, als wenn die Wuth ihm Riesenkräfte verliehen hätte.

„Nieder mit den Mördern meines Freundes!" ächzte er, den letzten Schuß aus seiner Drehpistole abfeuernd und eine zweite aus seinem Gurt reißend.

„Schont ihn!" riefen die anderen Mormonen, die, unten angekommen, von ihren Pferden sprangen und ihrem rasenden Gefährten den Abhang hinauf nacheilen wollten.

„Schont ihn!" sagten auch Falk und Weatherton zu den Delawaren, „schont ihn, er wird bald genug seinen letzten Schuß abgegeben haben."

Diese nickten bejahend, stellten sich aber so auf, daß sie Holmsten, im Fall er in die Oeffnung treten sollte, zuvorkommen konnten.

Wiederum krachte ein Schuß nur wenige Schritte weit von dem Felsblock entfernt, und die Kugel schlug gerade neben dem Eingang gegen die schroffe Mauer.

Der Knall war aber noch nicht verhallt, da sprangen die fünf Mohaves, wie eben so viele losgelassene Teufel, mit der Gewandtheit von Katzen nach dem Felsblock hinauf, und mochten die hinter ihnen befindlichen Freunde ihnen auch zurufen, die emporkletternden Mormonen ihrem Beginnen durch Zeichen Einhalt zu thun versuchen, sie verstanden das Eine so wenig, wie das Andere. Blitzschnell rissen sie die Sehnen mit den befiederten Rohrpfeilen an die Ohren, singend schlugen die straffen Schnüre gegen das zähe Bogenholz, und fast gleichzeitig drangen fünf mit sägenförmig ausgezackten Karniolspitzen bewaffnete Schäfte in Brust und Hals des unglücklichen Mormonen.

Er wankte, ein gräßlicher Schrei entrang sich seiner Kehle, noch einmal schoß er seine Pistole in die Luft ab, und dann sank er hinten über. Ehe er aber noch im Sturz den Boden berührte, glitten die Mohaves an seine Seite; dumpf krachend fielen einige Keulenschläge auf seinen Schädel, welche den Todesschrei augenblicklich verstummen machten, und dann verschwan=

den die riesenhaften braunen Gestalten wieder eben so schnell hinter dem Felsblock.

Auf diese That, die von allen im Thale Anwesenden beobachtet worden war, folgte ein dumpfes Schweigen. Weatherton so wenig wie Falk vermochten den Mohaves über ihr voreiliges, in ihrer Lage jedoch nicht ungerechtfertigtes Einschreiten einen Vorwurf zu machen; noch weniger kam es den Delawaren oder Rast in den Sinn, die von Siegesbewußtsein strahlenden wilden Krieger einzuschüchtern oder gar zu beleidigen. Aber mit besorgnißvoller Spannung blickten sie zu den Mormonen und den sie begleitenden Utahs hinüber, von welchen sie nunmehr jede Neigung zu einer friedlichen Ausgleichung gewichen wähnten.

Doch nirgends bemerkten sie Vorbereitungen, die auf eine beabsichtigte Erneuerung der Feindseligkeiten gedeutet hätten. Im Gegentheil, die Männer, welche Holmsten nachgeeilt waren, begaben sich wieder zu ihren Pferden und erwarteten, ohne sich aus der Schußlinie der Flüchtlinge zu entfernen, die Ankunft eines andern Reitertrupps, der eben aus der oberen Schlucht um die Ecke herumlenkte und sich mit den dort noch versammelten Reitern vereinigte.

Weatherton hatte sich von Rast das Fernrohr geben lassen, um die neuen Ankömmlinge genauer zu betrachten.

„Vereinigte Staaten-Dragoner im friedlichen Verkehr mit den Mormonen," sagte er erstaunt, als er einen Blick auf die nunmehr gegen fünfzig Mann starke Gesellschaft geworfen.

Plötzlich aber ließ er das Fernrohr sinken und zugleich wich alle Farbe aus seinen Zügen.

„Um Gottes willen, was ist Euch?" fragte Falk erschreckt, sobald er die Veränderung an seinem Freunde gewahrte.

„Blickt selbst hinüber und sagt mir, was Ihr seht," antwortete Weatherton, indem er Falk das Fernrohr reichte.

Dieser brachte das Glas vor sein Auge, und nachdem er

eine Weile scharf zugeschaut, begann er, ohne das Fernrohr zu beseitigen:

„Es ist, wie Ihr sagt, ich sehe Dragoner, und einzelne derselben im ernsten Gespräch mit den Mormonen; aber wahrhaftig, ich sehe auch einen alten Bekannten unter ihnen —"

„Jansen," versetzte Weatherton mit bebender Stimme.

„Richtig, Jansen, der schwedische Auswanderer," wiederholte Falk verwundert; „aber was ist das? ich kann mich doch nicht täuschen? nein, es tritt jetzt mehr in den Vordergrund, eine weibliche Gestalt zu Pferde, in der Kleidung gesitteter Nationen —"

„Sie ist es," sagte Weatherton leise, als habe er befürchtet, durch zu lautes Sprechen die Erscheinung wieder zu verscheuchen.

„Wer?" fragte Falk erstaunt, indem er das Fernrohr an Weatherton zurückgab.

„Bei Gott, ein Frauenzimmer!" rief der Biber plötzlich aus, denn die Gesellschaft befand sich nicht so weit, daß die einzelnen Personen, nachdem sie sich mehr von einander getrennt hatten, nicht zu unterscheiden gewesen wären.

Weatherton wollte etwas entgegnen, in demselben Augenblick legte sich aber von hinten eine Hand auf seine Schulter, und als er sich umwendete, sah er Kairuk vor sich, der ihn mit einem so glücklichen Gesicht anschaute, als wären er und der grausame Krieger, der kurz vorher noch seine Keule mit tödtlicher Sicherheit auf Holmster's Schädel fallen ließ, nicht eine und dieselbe Person gewesen.

„Mormonentaube, viel achotka," sagte er freundlich, indem er nach dem Westende der breiten Schlucht hinüberwies, „Mormonentaube jagen: Kairuk, Amerikaner gut, Mormonen nicht tödten Amerikaner; Kairuk helfen Amerikaner; Mormonentaube kommen sehen, Kairuk helfen Amerikaner."

Weatherton starrte den Häuptling verwirrt an; es war zum

erften Mal, daß derfelbe des jungen Mädchens erwähnte. Er glaubte zu verftehen, daß Hertha die Mohaves aufgefordert habe, ihm bei feiner Flucht behülflich zu fein, und dennoch erfchien ihm dies wieder fo unbegreiflich. Aber in den Zügen des Mohave lag der unzweifelhafte Ausdruck von Wahrheit und Aufrichtigkeit; wie hätte auch der mit den Sitten der Weißen fo wenig vertraute Urwilde gerade auf folche Gedanken kommen follen?

Sinnend betrachtete er den Mohave, und dann fchaute er wieder zu den fernab haltenden Reitern hinüber. Es lag ja fo viel Befremdendes und Geheimnißvolles in der ganzen Wendung der Dinge, zu viel, als daß er, ohne eine vorhergegangene Aufklärung, den plötzlich eingetretenen Wechjel hätte enträthfeln können.

„Sie kommen," bemerkte der Schwarze Biber, der gleich feinen Gefährten die Bewegungen des Reitertrupps aufmerkfam bewacht hatte.

„Sie kommen," wiederholte Weatherton mechanifch, ohne zu bemerken, daß Falk's Blicke mit warmer Theilnahme auf ihm ruhten.

„Aber nicht Alle," fuhr der Delaware fort, „bei Gott! fie wollen ihre friedlichen Abfichten an den Tag legen und fchicken daher ein Frauenzimmer an uns ab."

„Sie und ihr Onkel kommen felbft," murmelte Weatherton, fobald er gewahrte, daß nur ein Reiter und eine Reiterin fich von der Gefellfchaft trennten und im Schritt und geraden Weges auf fie zulenkten.

Tiefes Schweigen der Erwartung folgte diefen Worten. Erft als die Mormonen, die Holmften nachgeeilt waren, davonritten, um Janfen und Hertha zu begegnen, wendete fich die Aufmerkfamkeit der Flüchtlinge wieder der nähern Umgebung zu.

Da fielen Falk's Blicke auf den erfchoffenen Indianer, der

noch immer das nunmehr beruhigte Pferd am Zügel hielt, und von diesem kehrten sie wieder zu Holmsten's blutiger Leiche zurück.

„Es ist dies wohl kein Anblick für Frauen," sagte er zu dem in Gedanken versunkenen Officier, indem er ihn leicht berührte und zugleich auf die beiden leblosen Gestalten deutete.

„Nein, gewiß nicht," antwortete Weatherton, wie aus einem Traum emporschreckend, und schnell trat er aus dem Versteck.

Gefolgt von allen Gefährten kletterte er sodann den Abhang hinunter, und da Jansen und Hertha nach einem kurzen Zwiegespräch mit den zurückkehrenden Mormonen ihren Weg allein fortsetzten, so eilte er ihnen entgegen.

Unbewußt beschleunigte er seine Schritte mehr und mehr, und als er sich ungefähr in der Mitte der langen Sandfläche dem Mormonen und seiner Nichte bis auf eine kurze Strecke genähert hatte, befanden sich seine Gefährten weit hinter ihm.

Jansen zeigte noch immer das ernste Gesicht von früher, nur daß ein Schimmer von tiefer Schwermuth auf demselben lagerte, der durch die eben ihm heimlich ertheilte Nachricht von Holmsten's Tode vielleicht noch hervortretender wurde, im Ganzen aber ihm einen milderen Ausdruck verlieh.

Hertha dagegen hatte sich sehr verändert. Es war allerdings noch das liebe, süße Antlitz, allein auf den sonst so jugendfrischen Zügen hatten die Seelenleiden, die Beschwerden einer langen Wüstenreise und die tödtliche Spannung der letzten Stunden sich tief ausgeprägt. Selbst auf ihre so anmuthige Haltung waren die jüngsten Erlebnisse nicht ohne Einfluß geblieben. Doch minder schön, minder anziehend war sie dadurch nicht geworden; im Gegentheil, wer früher durch den Glanz ihrer lieblichen, jungfräulichen Erscheinung bezaubert wurde, der vermochte jetzt nicht auf sie hinzublicken, ohne durch den rührenden Ausdruck ihres ganzen Wesens zur innigsten, opferwilligsten Theilnahme hingerissen zu werden.

Weatherton entging die Veränderung nicht, und das Herz blutete ihm bei dem Gedanken, daß er selbst vielleicht dazu beigetragen habe, ihren Kummer zu vergrößern, bei dem Gedanken, daß dies erst der Anfang der Leiden sei, welche ihrer in der Gemeinde der Mormonen ohne Zweifel harrten.

Was er aber fühlte und dachte, spiegelte sich in seinen Zügen wieder. Sogar als er auf Hertha's Antlitz ein glückliches Lächeln zu entdecken glaubte, als ein tiefes Roth sich über ihre bleichen Wangen verbreitete und das liebe, freundliche Angesicht auf kurze Zeit in dem alten Glanz jugendlicher Fülle und Gesundheit strahlen ließ, und als die großen blauen, redlichen Augen sich zu umfloren begannen, sogar da noch fühlte er sich von so tiefem Weh ergriffen, daß ihm die Sprache fast versagte und er kaum ein Wort der Begrüßung über seine Lippen zu bringen vermochte.

„Lieutenant Weatherton," begann Jansen, sein Pferd etwas vorausspornend und dem jungen Manne die Hand reichend, „meine Nichte kommt, um ihr verpfändetes Wort einzulösen, sie bringt Euch die versprochene Freiheit. Ungehindert mögt Ihr ziehen, wohin Ihr wollt, der Friede zwischen den Vereinigten Staaten und den Mormonen ist geschlossen. Ihr und Euer alter Gefährte seid frei; über die Anderen dagegen, welchen Rynold's Ermordung zur Last gelegt wird, kann nur das Gericht entscheiden."

„Dann gehen auch sie frei aus," antwortete Weatherton, auf Hertha zutretend, um sie zu begrüßen.

Jansen schaute bei dieser Nachricht befremdet auf, denn bis jetzt hatte er noch keinen Augenblick gezweifelt, daß die blutige That von den Delawaren und deren weißem Gefährten verübt worden sei. Er schwieg indessen, und mit freundlicher Theilnahme ruhten seine Blicke auf den beiden jungen Leuten, als dieselben sich zum Gruß die Hände reichten.

„Ich bringe Euch die Freiheit," sagte Hertha so schüchtern, wie Weatherton sie noch nie hatte sprechen hören, und eine holde Verwirrung äußerte sich in ihrem ganzen Wesen.

„O, wie soll ich, wie kann ich es Euch vergelten!" antwortete Weatherton bewegt, und von seinen Gefühlen übermannt, preßte er seine Lippen auf ihre Hand.

Hertha ließ es ruhig geschehen; sie verstand, was er sagen wollte, und Thräne auf Thräne rollte ihr über die mild geröthe= ten Wangen.

Falk mochte errathen, daß seine und der Indianer Gegen= wart in diesem Augenblick stören würde, er blieb daher stehen, seine Gefährten aufforbernd, so lange zu warten, bis man sie rufen würde.

Jansen sah dies, und mit einem Ausdruck, der seltsam zwi= schen angenommener Härte und angeborener Weichherzigkeit schwankte, wendete er sich Weatherton wieder zu.

„Lieutenant," hob er ernst an, als dieser gespannt zu ihm emporblickte, „es mag hier vielleicht nicht der Ort sein, über so wichtige Angelegenheiten zu verhandeln, jedenfalls aber ist die Zeit geeignet dazu. Ihr erinnert Euch wohl noch der Frage, die ich einst im Gefängniß an Euch richtete? Diese Frage, ich wiederhole sie hier noch einmal, und zwar zum letzten Mal: wollt Ihr Euch zum Mormonenthum bekehren, um dadurch den Preis —"

„Haltet ein!" unterbrach ihn Weatherton, und die Entrüstung trieb ihm das Blut bis in die Schläfen, „Ihr kennt meine Ant= wort, ich habe auch heute derselben nichts mehr hinzuzufügen, aber von Euch hätte ich erwartet —"

„Mehr Rücksicht für meine Nichte," fiel ihm Jansen mit wehmüthigem Ausdruck in die Rede, „ja, ich weiß, was Ihr sagen wollt, und achte Euch deshalb nur um so höher. Ihr weigert Euch also, Mormone zu werden, um das liebe Mädchen dort für Euch zu gewinnen — unterbrecht mich nicht, unterbrecht mich nicht, hört mich zu Ende, und dann thut und sagt, was Euch beliebt; wenn Ihr also nicht wünscht, in die Gemeinde der Heiligen der letzten Tage aufgenommen zu werden, so fragt sie dort, vielleicht daß sie, Euch zu Liebe, zum Glauben ihrer Eltern zurückkehrt. Thut sie es, so habe ich nichts dagegen einzuwenden, des Menschen Wille ist sein Himmelreich."

So sprechend trieb er sein Pferd an, um sich zu Falk, dessen Bild plötzlich in seiner Erinnerung wieder auftauchte, und den Delawaren hinzubegeben.

Weatherton stand im ersten Augenblick wie erstarrt da; trotzdem Jansen auf jedes einzelne seiner Worte einen besondern Nachdruck legte, schien er den eigentlichen Sinn doch nicht begriffen zu haben.

Da fielen seine Blicke wieder auf Hertha, die bebend im Sattel saß und die hervorquellenden Thränen vergeblich zurückzudrängen suchte.

„Hertha, habt Ihr gehört, was Euer Onkel sagte?" fragte er leise und innig, indem er des jungen Mädchens Hand wieder ergriff.

Er fühlte den schüchternen Gegendruck, er sah, daß sie zwischen den Thränen hindurch ihm beseligend zulächelte, und ihm war, als habe sich plötzlich ein anderes, ein schöneres Leben vor ihm eröffnet.

„Hertha, unaussprechlich theure Hertha," fuhr er fort, indem er noch dichter an des jungen Mädchens Pferd herantrat, „ist es denn wahr? ist es kein Traum, keine Täuschung? Soll das in Erfüllung gehen, um was ich nicht einmal gewagt habe zu Gott zu flehen? O Hertha, nur ein Wort, daß ich Euch nicht mißverstanden habe."

„Viel habe ich gelitten, sehr viel gelitten um Euch," antwortete Hertha, nunmehr mit holdseligem Vertrauen ihre strahlenden blauen Augen treuherzig auf Weatherton heftend, „und habe ich um Euch gelitten, soll ich dann nicht auch glücklich werden — durch — Euch?"

Entzückt und erfüllt von nie geahnter Seligkeit schaute Weatherthon zu dem lieblichen Wesen empor, dessen holde verschämten Blicke sich glückverheißend in seine Seele senkten.

Behutsam, aber mit bebender Hand, ergriff er des Pferdes Zügel, und dasselbe umwendend, lenkte er auf das westliche Ende der Schlucht zu; ihnen nach folgten in einiger Entfernung Jansen und seine alten Reisegefährten.

Er war wieder an Hertha's Seite getreten; ihre Hand hielt er fest in der seinigen, als ob er befürchtet habe, daß sein ganzes Lebensglück, seine ganze Lebensfreude ihm könne entrissen werden. Keines von ihnen sprach ein Wort, aber aus ihrem Schweigen sprach so beredt die tiefe Innigkeit ihrer Gefühle, das ernste, beseligende Bewußtsein, einander bis über das Grab hinaus, ewig, unzertrennlich anzugehören.

Was kümmerte sie jetzt noch das starre Gestein, welches sich ringsum wie drohend hoch über einander thürmte; was der glühende Sonnenschein, der die grellfarbigen Felsmassen so blendend beleuchtete; was die furchtbare Wildniß, welche sie auf viele Tagereisen weit nach allen Richtungen hin umgab? Ihre Herzen waren von Dankbarkeit gegen ein freundliches Geschick erfüllt, und was kurz vorher noch niederdrückend auf sie einwirkte, die bange Besorgniß vor der Zukunft vermehrte und ihnen Schrecken einflößte, das schien ihnen jetzt freudige Hoffnung zuzusprechen, sie immer mehr aufzurichten und mit Dem auszusöhnen, was sie zu erdulden gehabt hatten.

Warum hätten sie auch nicht mit freudiger Zuversicht der kommenden Tage gedenken sollen? Der Himmel war ja so blau, die Strahlen der Sonne so glänzend, der Bau der sie umgebenden mächtigen Plateaus so erhaben, so Ehrfurcht gebietend. Und die Leute erst, welchen sie sich langsam näherten? Vor kurzer Zeit noch bitter verfeindet, verkehrten sie jetzt mit einander, als ob der in ihre Brust eingezogene Friede auf alle Diejenigen übertragen worden wäre, mit welchen sie in nähere Berührung kamen.

Ja, tiefer Friede ringsum; die Erschlagenen blieben ja weit hinter ihnen zurück, und wenn Hertha nichts von den schrecklichen Begebenheiten wußte, so war Weatherton's Geist wieder mit ganz anderen Dingen beschäftigt. Was aber Jansen, Falk und die Delawaren, die ihnen von weitem nachfolgten, erörterten und besprachen, vernahmen sie nicht mehr, noch weniger sahen sie den schmerzlichen Ausdruck in Jansen's Zügen, als der Schwarze Biber ihm den Namen des Mörders nannte und ihm zum Beweise den kurzen, mit Bleikugeln beschwerten Rohrstock einhändigte, an welchem noch Rynolds' blutige Haare klebten.

Sie sahen auch nicht, wie Jansen dann Allen nach der Reihe, die Mohaves nicht ausgenommen, die Hand drückte und sie aufforderte, sich furchtlos den Gerichten in der Salzsee-Stadt zu stellen und dort ihre Aussagen zu wiederholen und zu bestätigen. Nein, nichts von alledem sahen und hörten sie. Aber allmälig begannen sie ihren Gedanken Worte zu verleihen und auch der jüngsten Vergangenheit ihre Theilnahme zuzuwenden. Bald hatte Weatherton eine Frage an Hertha zu stellen, bald diese noch irgend etwas an ihrer Erzählung zu berichtigen oder zu ergänzen. Der Himmel war so blau, die Luft so voll Sonnenschein und die Plateaus so grell beleuchtet, aber die beiden jungen Leute hatten nicht Zeit, auf dergleichen zu achten, noch weniger, sich darüber zu wundern, alle Blicke, selbst die der wilden Utahs, auf sich gerichtet zu sehen.

Als aber nach mehrstündigem Marsch aufwärts die ganze vereinigte Karavane an geeigneter Stelle rastete, und Jansen, Hertha und Weatherton sich im Schatten eines überhängenden

Felsens gelagert hatten, da wurde der schon mehrfach erwähnten Erlebnisse noch einmal im Zusammenhange und mit den allerkleinsten Nebenumständen gedacht. Und Hertha erzählte, wie sie ihre todt geglaubte Schwester wiedergefunden habe; und was sie jener damals mittheilte, das wiederholte sie jetzt Wort für Wort, nur daß, wie damals schwesterliche Liebe und innigste Freude über das Wiedersehen ihre Brust erfüllten, jetzt heller Enthusiasmus, unbeschreibliche, von keinem Schatten getrübte Glückseligkeit, edler Stolz und wahrhaft weibliche bezaubernde Hingebung aus ihren Augen leuchteten.

Dann schilderte sie auch ihren Besuch im Lager, den sie nur einzig und allein des geliebten Freundes wegen unternommen, ferner das glückliche Zusammentreffen ihres Anliegens mit dem Friedensschluß. Auch ihren Besuch in der Salzsee-Stadt beschrieb sie genau, und wie man dort den Frieden jubelnd begrüßt habe. Ferner kam sie auf das Entsetzen zu sprechen, welches sie empfunden bei der Nachricht, daß er befreit worden sei, aber von einer so überlegenen Macht verfolgt werde. Dabei gedachte sie der edlen Bemühungen ihres Onkels, wie derselbe Alles aufgeboten habe, nicht nur von den Mormonen, sondern auch von den nach der Salzsee-Stadt commandirten Dragonern eine Escorte zum Einholen und zur Rettung der Flüchtlinge zu erlangen. Auch vergaß sie nicht zu erwähnen, daß ihr Onkel sie nicht mitnehmen wollte, sie aber auf ihren Willen beharrt habe. Unter Erröthen gestand sie, wie nur die Sorge und Angst um ihn sie erfüllt, dieser Ritt beinahe zu viel für ihre Kräfte gewesen sei, sie aber trotzdem noch immer zur Eile getrieben habe. Dann beschrieb sie ihre Reise, Tag für Tag, und dann wieder ihren Schrecken, als die Spuren der Verfolger die der Flüchtlinge verwischt, und letztere, nach den Muthmaßungen der Späher, ihre Flucht zu Fuße weiter fortgesetzt hätten. Wie sie dann an die Schlucht gekommen und in derselben der Spur

der Pferde nachgefolgt wären, wie der Schrecken sie fast über=
mannt, als sie die Schüsse vernommen und ihr Onkel die Mor=
monen zur Verhinderung von Unheil vorausgesendet habe. End=
lich schilderte sie mit bezaubernder Offenheit das Entzücken, wel=
ches sie empfunden, als sie ihn unverjehrt gesehen. Schon aus
weiter, weiter Ferne habe sie ihn erkannt, wie er eben aus dem
Versteck hervorgetreten sei; dann aber habe ihr das Herz zu
klopfen begonnen, und kindische Scheu habe sie vor ihm gehegt,
weil sie ahnte, wie ihre Zusammenkunft endigen würde, und da=
bei drückte sie ihrem Onkel dankbar die Hand, während sie sich
inniger an Weatherton anschmiegte und Gott für die gnädige
Fügung ihres Geschickes pries. Und während sie dies Alles er=
zählte, unterbrach sie sich vielfach, um Weatherton unter hellen
Freudenthränen zu betheuern, daß sie jetzt keinen eigenen Willen
mehr habe, sondern ihm vertrauensvoll überall hin folgen wolle.

Daß sie dem Mormonenthum gern entsage und einsehe,
wie Rynolds und Demoiselle Corbillon einen bösen Einfluß auf
sie ausgeübt und sie mit schlauer Berechnung dem Mormonenthum
in die Arme getrieben hätten, erwähnte sie nicht; sie wollte ihrem
Onkel, der noch immer mit unerschütterlicher Strenge an dem
neuen Glauben festhielt, nicht wehe thun. Denn beabsichtigte
derselbe wirklich einst, die Satzungen des Mormonenthums in
ihrer ganzen Schroffheit an ihr in Anwendung zu bringen, so
hatte sich sein Herz doch allmälig wieder für die Kinder seines
Bruders erwärmt, um die milderen Gefühle in seiner Brust end=
lich den Sieg davon tragen zu lassen. Daß er aber ihre Sin=
nesänderung nicht mehr so tief bedauerte, im Gegentheil eine
innere Befriedigung darin fand, sie so innig beglückt vor sich zu
sehen, das stand ja auf seinen ernsten Zügen geschrieben, lag
in den billigenden, wohlwollenden Blicken, mit welchen er bald
seine Nichte, bald Weatherton betrachtete.

Mit welcher herzlichen Freundlichkeit Hertha demnächst Wea=

therton's Gefährten, den deutschen Maler begrüßte, und wie dieser, von der Anmuth des lieblichen Mormonenmädchens überrascht, sich glücklich pries, neben seinem Freunde auch einem so holden Wesen nach besten Kräften gedient zu haben, das bedarf wohl kaum einer Erwähnung.

Eben so erklärte Rast in seiner originellen Weise, daß die Wanderung nach dem Salzsee, trotzdem sein Lieutenant sowohl, wie er selbst für das Festland eben so gut paßten, wie eine Fregatte auf einen Ententeich, ein sehr gescheidter Einfall gewesen wäre. Er verfehlte indessen nicht, hinzuzufügen, daß er sehr viele verheirathete Seeleute kenne, und nach seiner Ueberzeugung das wahre eheliche Glück doppelt so fest vor Anker liege, wenn der Gatte neun Zehntel seiner Zeit auf dem Salzwasser zubringe und nur gelegentlich einmal den Kopf in seine Hausthür stecke. So habe es wenigstens Weatherton's Vater gemacht, und der sei ein zu braver Seemann gewesen, als daß sein Sohn aus der Art geschlagen sein könne.

Ob Hertha und Weatherton zu derselben Ansicht hinneigten, wurde nicht auf der Stelle ermittelt, doch sprachen sich die Delawaren sehr zu Gunsten von Rast's Urtheil und der Abwesenheit vom häuslichen Herde aus; nur daß sie den Aufenthalt in der Wildniß weit über das Seeleben stellten.

Die Mohaves dagegen schienen mit Allem zufrieden zu sein, sie waren wenigstens so fröhlich wie Kinder, und einen glücklicheren und harmloseren Ausdruck hat wohl nie ein Indianer zur Schau getragen, wie sie zeigten, als Hertha ihnen der Reihe nach die Hand drückte und ihnen durch Zeichen und Geberden ihren Dank für die bewiesene Treue verständlich zu machen suchte.

So ging die Zeit bis zu den kühlen Abendstunden wie im Fluge dahin. Als dann endlich die zurückgebliebenen Mormonen, welche mit Hülfe einiger Utahs Holmsten und La Bataille nothdürftig in einem Felsenwinkel bestattet hatten, bei der Karavane eintrafen, da wurde sogleich das Zeichen zum allgemeinen Aufbruch gegeben, um so bald wie möglich mit den nothleidenden Pferden nach der Hochebene hinauf zu gelangen.

Schluß.

"Das Mormonenmädchen" dürfte eigentlich hier als beendigt betrachtet werden, indem Hertha Jansen nur noch bis zu ihrer Ankunft in Fort Bridger, wo sie nebst ihrer Schwester und deren Sohn von dem freundlichen Missionär nach protestantischem Ritus eingesegnet wurde, auf die Bezeichnung: "Mormonenmädchen" Anspruch machte. Ich vermag indessen nicht, mich von den mir so lieb gewordenen Personen zu trennen, ohne auch ihres ferneren Ergehens gedacht, sie gleichsam in ihre Heimath begleitet zu haben.

Nachdem die Mohaves, so reich beschenkt, wie es die augenblicklichen Mittel erlaubten, sich von Hertha und ihren Gefährten verabschiedet hatten, um sich ihrem heimathlichen Thale wieder zuzuwenden, wurde die Reise nach dem Fort Utah und der Salzsee-Stadt in kurzen Tagemärschen ohne weitere Unfälle zurückgelegt.

Wie die Flüchtlinge wieder in den Besitz ihrer Pferde gelangten, fanden sie auch ihr übriges Eigenthum, welches sie dem einsamen Grabhügel anvertraut hatten, unangerührt, was namentlich Falk beglückte, der auf diese Weise alle seine längst verloren geglaubten Reiseskizzen zurück erhielt.

In Fort Utah löste sich die Karavane auf. Falk und die Delawaren begaben sich nach der Salzsee-Stadt, um ihre Angaben, betreffs Rynolds' Ermordung, daselbst niederzulegen. Doch auch Weatherton, Hertha, Janſen und der alte Bootsmann verweilten nicht länger in Fort Utah, als unumgänglich nothwendig war, die Vermögensverhältniſſe der beiden Schweſtern zu ordnen.

Elliot, welchem die Kunde von Holmſten's Tode und dem Wiederauftauchen von deſſen erſter Gattin und deren Sohn ſchon längſt zugegangen war, und welcher daher ſein ganzes betrügeriſches Gewebe und die gegen Weatherton gerichteten verbrecheriſchen Pläne aufgedeckt wußte, hatte ſich von der Station entfernt. Offenbar ſcheute er ſich, Hertha zu begegnen. Wenn er aber befürchtete, daß eine Klage gegen ihn eingeleitet werden würde, dann hatte er Hertha ſowohl wie Janſen vollſtändig verkannt. Beide betrachteten es als einen Glücksfall, jeder ferneren Zuſammenkunft mit ihm überhoben zu ſein, und nie wieder berührten ſie in ihren Geſprächen, daß überhaupt eine Vereinigung zwiſchen ihr und Elliot bezweckt geweſen.

Hertha konnte indeß nicht von Fort Utah, dem Ort, wo ſie ſo viel gelitten, ſo viele bittere Thränen vergoſſen, ſcheiden, ohne den Knaben, den ſie einſt als das Kind ihrer Schweſter betrachtete, wiedergeſehen zu haben. Sie herzte und küßte ihn wie damals, nur mit anderen Gefühlen. Es war eine tiefe Trauer, welche ſie bei dem Gedanken beſchlich, daß das unſchuldige kleine Weſen, allen Geſetzen der Natur zum Hohn, das Mittel zu einem beabſichtigten ſchändlichen Betruge geweſen. Auch jetzt wieder weinte ſie herbe Thränen über den Kleinen, indem ſie ihn ſeiner leidenden und tief ergriffenen Mutter an die Bruſt legte.

Die arme junge Frau, ſie ſah nicht ſo aus, als wenn ſie ihren Knaben bis zum Jünglingsalter überwachen würde. Der Tod ſchien ihrem ſanften, ergebungsvollen Antlitz bereits ſein Zeichen aufgedrückt zu haben, und wenn die Freude, daß ihr Kind ihr fortan von keiner Seite mehr ſtreitig gemacht werden würde, ihren Zügen einen Schiller von Jugendfrische verlieh, so war das nur vorübergehend; es war ein erquickender Thautropfen auf eine geknickte und schon gebleichte Blüthe, der den Farben wohl noch einmal ihren alten Glanz verleiht, aber, nachdem die Sonnenstrahlen ihn aufgesogen, keine Spur mehr hinterläßt. — Demoiselle Corbillon, obgleich von der Krankheit, welche jener schrecklichen Nacht folgte, wieder vollständig hergestellt, hielt sich ebenfalls vor Hertha verborgen, und diese, von ihrem Onkel über das hinterlistige Treiben ihrer früheren Gouvernante aufgeklärt, versuchte nicht ein Wiedersehen herbeizuführen, welches für beide Theile gleich peinlich gewesen wäre.

Der Aufenthalt in der Salzsee-Stadt dauerte nur kurze Zeit; in der That nur so lange, bis Weatherton's Reisegefährten allen von der Gerichtsbarkeit geforderten Förmlichkeiten genügt hatten, wie es eben die nachträglich angestellten Untersuchungen in einer so wichtigen Angelegenheit erheischten. Weder Hertha noch ihre Schwester erfuhren jemals den wahren Sachverhalt; es wurde ihnen nur mitgetheilt, daß Holmsten bei einem unsinnigen Angriff auf die Mohaves von diesen getödtet worden sei. —

Wenn nun das Wiedersehen in Fort Bridger und der Endausgang der sich anfangs so bedrohlich gestaltenden Ereignisse alle Herzen mit der reinsten Freude erfüllten, so wurde dieselbe nach einigen Tagen wieder vorübergehend getrübt, als die Stunde schlug, in welcher sich Menschen, die sich gegenseitig achten und lieben gelernt hatten, vielleicht auf Nimmerwiedersehen, von einander trennen sollten.

Den frommen Missionär rief es zu seiner Gemeinde. Er schied segnend und gesegnet, und ihn begleiteten Falk und die beiden Delawaren. Ersterer, seinem Beruf und einem unwiderstehlichen Drange folgend, Kalifornien zu bereisen und kennen zu lernen, zugleich aber um seinem Freunde Werner einen Besuch abzustatten; Letztere, um ein Revier zu entdecken, auf welchem die Biber noch nicht gänzlich ausgerottet worden und deshalb noch eine erfolgreiche Jagd zu hoffen sei.

Jansen, der trotz der jüngsten Erfahrungen mit einer gewissen Starrheit an der Lehre des Mormonenthums hing, wurde der Abschied von seinen beiden Nichten und Weatherton sehr schwer. Er schien die Trennung als einen harten Schicksalsschlag zu betrachten; aber was er fühlte und was ihm Kummer verursachte, das verschloß er mit eiserner Willenskraft in seiner Brust. Alle Bitten, mit ihnen zu ziehen und sich von einem Orte zu trennen, wo er so einsam und verlassen dastehe, wies er mit ruhiger Festigkeit zurück. „Ihr habt jetzt einen jungen und kräftigen Beschützer," sagte er zu den Schwestern, indem er Weatherton mit väterlichem Wohlwollen die Hand reichte, „er ist der Einzige in der ganzen Welt, dessen Fürsorge ich Euch anvertrauen möchte und in dessen Händen ich Euer Geschick gesichert weiß. Sollte ich mich dereinst wirklich zu vereinsamt fühlen und die Sehnsucht nach Euch mich übermannen, was hält mich dann ab, Euch zu besuchen?" Er sagte dies lächelnd und in sorglosem Tone, nachdem er aber Alle der Reihe nach umarmt und gesegnet hatte und sich dann dem Westen zuwendete, da war es ihm, als habe er einen Theil seines Lebens hingegeben.

Betrübt blickten ihm seine Angehörigen nach; selbst der alte Rast, der eine große Zuneigung zu dem kleinen Erich gefaßt hatte und diesen auf den Armen trug, versicherte, daß es schade um den Mann sei. Dann aber richteten sie die hoffnungsvollen Blicke gegen Osten, wo ihre Heimath lag, wo ihnen die Zukunft so golbig entgegenlächelte. —

Trotz Rast's täglich wiederholten Betheuerungen, daß eine zeitweise Trennung der Gatten außerordentlich viel zum ehelichen Frieden beitrage, wie er zwar nicht aus eigener Erfahrung wisse, indem er noch nie in seinem Leben mit etwas Anderem als einem seegerechten Dreimaster zusammengespließt gewesen, wie ihm aber tausendmal von verheiratheten guten Freunden versichert und beschworen worden sei, ließ Weatherton sich dadurch doch nicht zurückhalten, seiner jungen Gattin zu Gefallen dem See= leben zu entsagen.

Sie Alle, nämlich Weatherton, Mrs. Hertha Weatherton, de= ren Schwester nebst ihrem Kinde und sogar Rast bewohnen jetzt gemeinschaftlich eine reizende Villa an einem der anmuthigsten Punkte des Hudson, jedoch nahe genug beim Hafen von New= York, um von sieben zu sieben Stunden Ebbe und Fluth in dem stolzen Strom beobachten zu können. —

Rast machte nur noch eine einzige Reise ohne seinen „Dickie", wie er den Officier außer Dienst, ohne gegen die Disciplin zu verstoßen, nennen durfte. Dann aber erklärte er, daß in Folge der Landreise sich ein böser Rheumatismus in seiner Hüfte fest= gesetzt habe, der ihn zeitweise, namentlich wenn er auf die Landreise zu sprechen kam, stark hinken machte, und daß er sich vor allen Dingen auscuriren müsse, ehe er wieder in See steche.

Ist der Rheumatismus nun wirklich so hartnäckig, oder be= hagt der alten Theerjacke die eigens für ihn auf der Villa ein= gerichtete Koje, in welcher er nicht nur seine Hängematte, son= dern sogar auch seine wurmstichige Schiffskiste vorfand, so gut, genug, er spricht immer seltener den Wunsch aus, zu seiner alten Lebensweise zurückzukehren. — Wenn Weatherton aber gar einmal Besuch von einem früheren Kameraden, oder von sonst einer Salzwasser=Größe erhält, dann hinkt Rast plötzlich wieder so stark, daß Jeder sich theilnehmend nach seinem Befinden er= kundigt und es ganz natürlich findet, daß volle fünfundvierzig Jahre schweren Dienstes auf See auch bei dem kräftigsten Men= schen Spuren zurückgelassen haben. Rast bestreitet dies selbstver= ständlich und behauptet, sein Leiden rühre von seinem Kreuzen auf dem Festlande her, und dieses sind mit die einzigen Gele=

genheiten, bei welchen seine Narbe etwas blau anläuft. Sonst ist dieselbe immer schön rosenfarbig, so rosenfarbig wie seine Laune, wenn er in der zu der Villa gehörigen Segel=Schaluppe auf dem Hudson kreuzt, oder auch eine Fahrt nach New=York unternimmt, um seinen getreuen Maat und Freund, den ehrlichen Stelzfuß zu besuchen und mit diesem, bei einem steifen Grog, die alten Erlebnisse noch einmal überzuholen. Sammeln sich bei solchen Gelegenheiten aber etliche junge neugierige Hände um ihn, und er beginnt ein Garn zu spinnen, so weicht er gar oft aus seinem Cours und erzählt fast mehr von seiner acht Monate langen Landreise, als von seinen fünfundvierzig Jahren Marinedienst. Er nimmt es dann nicht so sehr genau mit der Wahrheit und befördert solche Wunderdinge zu Tage, daß seine Zuhörer nicht nur die Ohren, sondern auch Mund und Augen vor Erstaunen aufreißen.

Für gewöhnlich spielt er auf der Villa die Rolle eines Haus=hofmeisters, doch sieht man ihn nie anders, als in seiner See=mannstracht mit der silbernen Pfeife am Halse. Wenn Weatherton auch keine Ansprüche auf Pension hatte oder erhob, so sorgte er doch dafür, daß Rast seinen Halbsold fortbezog, welchen er selbst ihm dann noch für seine Dienstleistungen im Hause verdoppelte.

Auf diese Weise hat der alte treue Bursche, der so ganz allein auf der Welt basteht, eine über alle Erwartung behagliche Heimath für den Abend seines Lebens gefunden. Er sucht sich dafür auch nützlich zu machen und auf alle mögliche Art seine Dankbarkeit an den Tag zu legen. Er fischt, er angelt, er segelt, er schnitzt dem kleinen Erich aus korkiger Eichenrinde ganze Flotten aus und lehrt ihm die verschiedenen Fahrzeuge auf= und abtakeln, und zum Entsetzen von dessen Mutter erzählt er dem Kleinen, der mit einer unbeschreiblichen Liebe an dem grimmig dareinschauenden Bootsmann hängt, so viele wun=

berbare Seegeschichten, daß dieser schon gar nicht mehr die Zeit seines Eintritts in die Marine erwarten kann. Rast aber lacht hinter dem Rücken der jungen Frau über deren Besorgniß, und freut sich schon darauf, auch Weatherton's kleine Nachkommen bald in die Schule nehmen zu können. —

Auf Editha Holmsten's Wangen sind die Rosen wohl wieder zurückgekehrt, doch wenn auch ihr Leben so recht frieblich dahin= fließt, die ihr von allen Seiten zu Theil werdende Liebe sie innig beglückt, und sie in ihrem Knaben auf's Neue aufzuleben scheint, so ruht doch ein unvertilgbarer Schimmer sanfter Schwermuth auf ihrem ganzen Wesen, ein Schimmer, der die Herzen Aller, die mit ihr in Berührung kommen, nur noch mehr zu ihr hin= zieht. —

Um nun endlich zu schildern, wie Hertha und Weatherton in ihrem gegenseitigen Besitz ihr ganzes irdisches Glück fanden und täglich noch immer mehr finden, müßte ich sie von Ange= sicht zu Angesicht vor mir haben; ich müßte in ihren Augen, in ihren Blicken lesen können, und dennoch, ich fühle es, würde ich einer solchen Aufgabe nicht gewachsen sein.

Weatherton segnet den Tag, an welchem er sich zur Reise nach dem Salzsee entschloß, und innig beglückt schmiegt Hertha sich an ihn, wenn er, indem er ihr zärtlich in die schönen blauen Augen schaut und die gewellten blonden Haare von ihrer reinen Stirn streicht, in Erinnerung vergangener Tage und der wun= derbaren Begebenheiten, welchen sie ihre Vereinigung verdanken, sie schmeichelnd nennt: sein herziges Mormonenmädchen.

Meine Erzählung ist zu Ende. Es bleibt mir nur noch übrig, das Endgeschick einzelner Personen mit wenigen Worten zu be=

rühren. Der Baron überlebte seinen älteren Kameraden nur kurze Zeit. Er starb an jener schrecklichen Krankheit, welche so vielfach dem übermäßigen Genuß geistiger Getränke folgt. Der unbestimmte Wunsch, auf künstliche Art die Vergangenheit aus seiner Erinnerung zu streichen, sein ganzes früheres Leben zu vergessen, gereichte ihm zum Verderben; er wurde mit sehr wenig Förmlichkeiten neben seinen Kameraden in den Wüstensand eingescharrt.

Demoiselle Corbillon siedelte nach der Salzsee-Stadt über. Auf höhere Anordnung wurde sie als eifrige und um ihr Seelenheil besorgte Mormonin der Schwesterschaft der verheiratheten Frauen eingereiht. Ob sie aber gerade ein ihren Wünschen und Hoffnungen entsprechendes Unterkommen gefunden hat, bleibt dahingestellt. Ein neckischer Zufall fügte es, daß sie in einer zahlreichen Familie die Bezeichnung Nummer Sieben erhielt.

Indem ich diese beiden Personen erwähne, glaube ich einer gewissen Pflicht gegen den Leser zu genügen. Wenn ich aber eingehender noch einmal auf Leute zurückkomme, in deren persönlichem Verkehr ich mich so lange bewegte, und welche mit zu Denjenigen auf dem amerikanischen Continent gehören, deren ich vorzugsweise gern und mit treuer Anhänglichkeit gedenke, so folge ich eben so wohl meiner eigenen Neigung, als ich eine heilige Pflicht gegen eben diese betreffenden Personen selbst erfülle.

Ich meine Kairuk und Jreteba, die beiden braven Mohave-Indianer, mit welchen ich nicht nur bei einer frühern Gelegenheit die kalifornische Wüste zu Fuß durchwanderte, sondern die auch den Expeditionen, welchen ich mich angeschlossen hatte, jedesmal die wesentlichsten und unbezahlbarsten Dienste leisteten.

Sie waren es nämlich, welche uns zum Theil selbst führten, zum Theil Führer stellten; sie waren es, die hauptsächlich ihre zahlreichen Stammesgenossen veranlaßten, durch Tausch von

Lebensmitteln uns vor der bittersten Noth zu bewahren und unsern brieflichen Verkehr mit der Außenwelt auf Hunderte von Meilen langen Pfaden aufrecht zu erhalten, und sie waren es endlich, die den Frieden wieder herstellten und die Gemüther ihrer in dichten Haufen feindlich heranrückenden Krieger beruhigten, nachdem dieselben von den Spionen der Mormonen aufgewiegelt worden waren und schon mit dem Erschießen unserer Maulthiere, dem einzigen Mittel zu unserer Rettung, begonnen hatten.

Während ich aber Alles aufzähle, was ich ihnen zu danken habe, treten die beiden stattlichen Krieger in meiner Erinnerung deutlicher hervor. Ich sehe im Geiste die riesenhaften, schön gebauten Gestalten mit ihren offenen, harmlosen Physiognomien, mit ihren langen, unglaublich starken Haaren und der wilden Malerei auf Brust und Armen; ich vernehme sogar ihr in tiefen Gurgeltönen hervorgebrachtes „Achotka" und ihr gedehntes „Hagh", durch welches sie ihre Verwunderung an den Tag legten über Alles, was ihnen an uns ungewöhnlich erschien.

Der arme Jreteba! Er hat seine langen Haare, seinen Stolz, wieder einmal dicht an seinem Kopf abgeschnitten, und seine Waffen und seine ganze Habe verbrannt. Er trauert tief, und vielfach wendet er seine trüben Blicke auf den hervorragenden Gipfel des im oberen Colorado-Thal befindlichen „Berges der Todten", in welchen, nach seinen Begriffen, die Geister der Verstorbenen einziehen.

Er trauert um seinen unzertrennlichen Freund und Gefährten, er trauert um Kairuk, den Häuptling, den Freund der Weißen, der durch die Weißen sein Leben verlor.*) —

Ein Jahr mochte nach dem Friedensschluß zwischen den Ver-

---

*) Die genaueren Angaben des traurigen Endes Kairuk's verdanke ich der Güte des Lieutenant Ives, dem Commandeur der Colorado-Expedition.

einigten Staaten und den Mormonen verflossen sein, als ein großer Zug von Emigranten, aus dem Osten auf frisch gebrochenen Wegen herkommend, bei den Dörfern der Mohaves über den Colorado setzte, um einem verlockenden Ziel, den Goldminen Kaliforniens, zuzueilen.

Beim Zusammentreffen der verschiedenen Menschenracen, von welchen der eine Theil gewohnt war, jede dunkler gefärbte Haut als jeglichen Rechtes entbehrend zu betrachten, während der andere glaubte, Herr und Gebieter auf dem ihm angestammten Grund und Boden zu sein, ereignete es sich, daß ernste Zwistigkeiten ausbrachen, in Folge deren mehrere Emigranten ihr Leben verloren.

Auf die Nachricht von diesem Unglücksfalle sendete der Commandant von Fort Yuma eine militärische Expedition ab, um die Mohaves zu züchtigen. Die Mohaves aber rotteten sich in große Haufen zusammen und trafen Anstalt, ihre Dörfer gegen die Soldaten zu vertheidigen.

Das Commando, zu schwach, um den Tausenden von wilden Kriegern die Stirn zu bieten, zog unverrichteter Sache ab, und eine stärkere Truppenmacht wurde abgeschickt, um den Urwilden, die einfältig genug waren, sich für freie Menschen zu halten, Achtung vor den Sternen und Streifen der Vereinigten Staaten einzuflößen.

Es versprach ein blutiger Kampf zu werden, denn wenn die Expedition auch durch ihre Waffen ein entschiedenes Uebergewicht über die Colorado-Stämme besaß, so waren ihr diese wieder an Zahl wohl hundertfach überlegen, und daß es ihnen nicht an Muth gebrach, hatten sie ja schon bei früheren Gelegenheiten und im Kampf mit anderen feindlichen Stämmen hinlänglich bewiesen.

Da trat Kairuk auf. Er wollte dem Blutvergießen auf alle

Fälle vorbeugen, und seiner Beredtsamkeit gelang es, die Amerikaner günstig für seine Pläne zu stimmen.

Er versprach nämlich, daß alle Weißen, die ihr Thal besuchen würden, unbelästigt bleiben sollten, und zugleich erbot er sich, mit acht der hervorragendsten Krieger die Amerikaner als Geißeln zu begleiten.

Der Vorschlag wurde angenommen, und zwei Monate später, da saß er mit seinen Gefährten in Fort Yuma in einem engen Raume, von welchem aus sie nur durch ein vergittertes Fenster sich des dort fast beständig klaren Himmels erfreuen durften.

Die Tage vergingen, die armen Gefangenen siechten dahin. Sie, deren Freiheit noch nie beschränkt gewesen, hatten ihre Kräfte überschätzt; sie wußten nicht, was es hieß: gefangen sein. Ihre athletischen Gestalten sanken zusammen, ihr Geist war gebrochen.

Da erschien eines Tages der treue Jreteba auf dem Fort, um seine Freunde zu besuchen. Nach einer kurzen Verhandlung mit denselben wendete er sich an einen Officier des Postens, von welchem er wußte, daß er mit zu Denjenigen gehörte, die einst von dem guten Willen des Häuptlings Vortheil gezogen.

Er bat um Kairuk's Freiheit; er berief sich auf die Dienste, welche derselbe, überhaupt alle Mohaves, den Weißen geleistet, aber vergebens. Der junge Officier zuckte wohl mitleidig die Achseln, versicherte aber, daß es nicht in seiner Macht liege, seinen Wünschen zu genügen.

Schweren Herzens entfernte sich Jreteba; er theilte Kairuk den Erfolg seiner Bemühungen mit, und dann schlug er traurig den Weg nach seinem heimathlichen Thale ein.

Es war dies gegen Abend, und Kairuk hatte also die ganze Nacht vor sich, um einen Entschluß zu fassen.

Als am folgenden Morgen die Gefangenen hinausgelassen

wurden, um sich unter der Aufsicht einer Schildwache auf dem Hofe des Forts eine Stunde zu ergehen, hielt Kairuk sich, scheinbar ohne alle Nebenabsichten, in der Nähe des Postens. Als sie sich dann der Stelle näherten, wo der Hof offen stand, sprang Kairuk auf den Soldaten zu, und ehe derselbe Zeit gewann, von seinen Waffen Gebrauch zu machen, hatte er ihn mit beiden Armen umschlungen, ihn mit unwiderstehlicher Gewalt an sich drückend.

Auf seinen Zuruf sprangen seine acht Gefährten davon, er selbst aber hielt den Soldaten, ohne ihm weiter ein Leid zuzufügen, so lange fest, bis dessen herbeieilende Kameraden ihn mit ihren Bajonnetten durchbohrten und der Tod die Sehnen an seinen Armen erschlaffte.

Seine Aufgabe war erfüllt; Diejenigen, welche sich auf seine Veranlassung freiwillig in die Gefangenschaft begeben hatten, waren durch ihn wieder in Freiheit gesetzt worden. Er selbst aber hatte ihre Freiheit mit seinem Leben bezahlt.

So starb der brave, muthige Häuptling. Er war nur ein armer rothhäutiger Urwilder, aber in seiner Brust lebten edle Keime, die bei sorgfältiger Pflege ihn auf eine hohe Stufe der Gesittung zu bringen vermocht hätten; Keime und Neigungen, die Jeden Lügen strafen, der, sei es aus Unwissenheit, oder aus Mangel an Scharfsinn, um die über die amerikanischen Eingeborenen in Umlauf gesetzten, märchenhaften Berichte von der Wahrheit unterscheiden zu können, frech zu behaupten wagt: daß alle eingeborenen Stämme auf dem nordamerikanischen Continent für die Civilisation unzugänglich seien.

So starb Kairuk, der Freund der Weißen, so wird noch manches Mitglied der schönen Colorado-Indianer dahingeopfert werden, und Fluch auf Fluch gesellt sich zu der schweren

Schuld, welche eine Regierung und ein großer Theil der Nation selbst lachend auf sich geladen haben, weil sie die Ureinwohner ihres großen Continents nicht besser zu zügeln, zu leiten und zu beschützen verstanden.

Ende.

Druck von G. Pätz in Naumburg.